授業は変えられる

元文教大学教授
嶋野道弘

前榛東村教育委員会教育長
青木芳弘

文部科学省教科調査官
齋藤博伸

Learning in junior high school is changing

東洋館出版社

執筆者紹介

嶋野 道弘（しまの・みちひろ）

元文教大学教授

1946年、埼玉県熊谷市生まれ。熊谷市立公立小学校教諭、埼玉大学教育学部附属小学校教諭・埼玉大学教育学部講師(併任)、埼玉県教育委員会教育局主任指導主事、1993年より文部省初等中等教育局小学校課教科調査官、文部省初等中等教育局視学官、文部科学省初等中等教育局主任視学官を経て、2005年より11年間文教大学教育学部教授を務める。

青木 芳弘（あおき・よしひろ）

前榛東村教育委員会教育長

1961年、群馬県高崎市生まれ、伊勢崎市立中学校、榛東村立小、中学校、前橋市立中学校教諭、榛東村教育委員会指導係長、群馬県総合教育センター指導主事、玉村町立小学校、榛東村立小学校教頭、榛東村教育委員会事務局長を経て、2017年より榛東村立榛東中学校校長、2022年より榛東村教育員会教育長を務める。現在は、群馬県立歴史博物館に勤務。

齋藤 博伸（さいとう・ひろのぶ）

文部科学省教科調査官

1974年、埼玉県川越市生まれ。埼玉県公立小学校教諭、埼玉大学教育学部附属小学校教諭・主幹教諭・副校長、川越市教育委員会教育センター主幹を経て、2021年より文部科学省初等中等教育局教育課程課教科調査官を務める。

〈目次〉

第2章　授業改革ターニングポイント　107

青木芳弘

序章

変わる　変わりたい　変われる

上毛三山の一つ、榛名山の東山麓に広がる榛東村[注①]に授業改善・改革が進んでいる中学校[注②]があります。教師一人一人が生徒の姿を通して〝変わる〟ことの手応えを感じ、変わることの意義を理解し、自己変革しながら主体的・能動的に授業改善・改革に励んでいます。

その取組は必然に学校改革を伴い、園にも小学校にも及び、幼小中一体の改革へと広がっています。榛東中学校の校長は変わりましたが、理念と取組は継承され、シンカ（進化・深化）しています。自明のことですが、授業改善・改革に当たっての校長の存在は大きいということでした。前校長・青木芳弘氏、現校長・井口克三氏の度量と見識に感心します。

授業改善・改革は〝教室と学校の風景を変える〟ことであり、粘り強い地道な努力とアクティブな人間の営為です。

榛東中学校は「主体的・対話的で深い学び」の実現を目指し、すべての教科等で活用できる学校独自の「授業デザインシート（榛東中授業スタンダード）」を考案しました。これを授業に具現し、実践後の協議結果や生徒の振り返りを「授業マネジメント」に役立てて授業改善・改革を進めています。

加えて、GIGAスクール構想に先駆けて「パナソニック教育財団」の特別研究指定校に選ばれ、村教委の支援のもとにICT環境の充実を図り、ICTを効果的に活用した学びの事実から、生徒の学びを分析・考察する授業研究を進めてきました。

その成果として、すべての教師が生徒の学びの姿に着目するようになり、「教師の意図と生徒の学びは必ずしも一致しない」の知見を得て「子どもの学びに学ぶ」[注③]の理念に立った授業改善・改革を進めています。そうしたいま、いまだ中学校では希少な「学級総合」（学級単位で学習材・課題を設定して取り組む総合的な学習の時間）がはじまっているのです。

現在進行中の榛東中学校の取組を通して、授業改善・改革の〝セオリー（最善の方法）〟が見えてきます。それは、仮説を立てて改善・改革していくというものではありません。理念をもち、予期の成果をイメージし、やり続ける中で打つ手を見付け、手を打ち、手応えを確認してやり続ける、というものです。授業実践とその分析・考察を基盤にして、主体的・能動的に改善・改革への過程を踏むことが、授業をよりよいものにするセオリ

［注①］人口約1万5、000人、中学校1校、小学校2校　幼稚園2園
［注②］校長：井口克三、教職員31名、生徒362名（2023年度）
［注③］令和4・5年度研修主題「子どもの学びに学ぶ授業研究の創造」

ーであることがわかってきました。

「授業改善・改革への糸口は、足下にあります」その悟りの要《かなめ》となったのが〝生徒の学びの姿〟です。

授業改善・改革の〝真の取り組み〟は、学ぶ子供の姿や学ぶ子供の事実を抜きにして進めることはできないはずです。子供の学ぶ姿や子供が語る言葉を洞察することなくして創意・創造することはできません。授業研究は、生徒の学びの事実を確認し、解釈しながら進められています。

取組は改善・改革の途上ではあるけれども、これまでの過程を振り返れば、そこにはいくつものターニングポイントがあったことに気付きます。生徒の学びの姿は、改善・改革のインパクトとなって、教師の生徒観や授業観が転換したのでした。

「学び合い」の場面であれば『学び合いはガチャガチャしてますか』、また、まとめの後の「振り返り」の場面であれば『制限は何も付けず「振り返りましょう」だけで振り返らせましょう』といったチェックポイントを設けています。[注④]

以来、教室の風景が変わり、教師の子供への関わり方が変わりました。

変動性（Volatility）、不確実性（Uncertainty）、複雑性（Complexity）、曖昧性（Ambiguity）の高い社会（ＶＵＣＡ社会）では、対話・協働による〝関係付ける〟学びが求められています。アンドレアス・シュライヒャー[注⑤]（経済協力開発機構〈ＯＥＣＤ〉の教育・スキル局長）は、読売新聞社記者の服部真のインタビューに、「記憶中心の学習」「計画的な学習」から、さらに「関連付ける学習」が重要だ、と答えています。[注⑥]

未来形の学校の在り方としてSocity5.0（超スマート社会）に対応する「学校 ver.3.0（学びの時代）」が打ち出されました。[注⑦] 教育はSocity3.0（工業化社会）における「学校 ver.1.0（勉強の時代）」を経て、Socity4.0（情報社会）における「学校 ver.2.0（学習の時代）」から、次の「学校 ver.3.0（学びの時代）」に入るというのです。[注⑧]

［注④］「榛東中スタンダード　令和４年版　振り返りシート」
［注⑤］アンドレアス・シュライヒャー。ＯＥＣＤ事務総長教育政策特別顧問兼教育・スキル局長を務めており、スキルの開発と利用及びその社会経済的効果に関するＯＥＣＤの調査研究の戦略的な統括も行っている。
［注⑥］「編集委員が迫る　総合学習　学力アップの鍵」読売新聞紙、２０１７年（平成29年）８月11日（金曜日）
［注⑦］「Socity5.0に向けた人材育成～社会が変わる、学びが変わる～」２０１８年（平成30年）６月５日、Society5.0に向けた人材育成に係る大臣懇談会　新たな時代を豊かに生きる力の育成に関する省内タスクフォース
［注⑧］Socity1.0（狩猟社会）からSocity2.0（農耕社会）、Socity3.0（工業化社会）

「学校 ver.2.0（学習の時代）」では、日本の学校教育の蓄積を活かしつつ、能動的な学び手（アクティブ・ラーナー）を育成する「主体的・対話的で深い学び」の実現が求められています。カリキュラムを内容重視（コンテンツ・ベース）から能力重視（コンピテンシー・ベース）の体系に変換し、自分自身の文脈で情報を編集し、対話・協働を通じて新しい価値や「納得解」を生み出す力を重視しています。

これに続く「学校 ver.3.0（学びの時代）」では、「公教育の重要な役割は、子供の学びの状況を観察し、個々人に応じた学びの実現を支援することである」「学校の役割は、実体験や他者との対話・協働をはじめ多様な学習活動の機会を公正に提供することを重視する」としています。加えて「個人の学習成果（作文、作品、レポート、プレゼン等）は、学びのポートフォリオとして電子化、蓄積される」ということです。

実践の現場に身を置いてみれば、今のこの時は「学校 ver.2.0（学習の時代）」から「学校 ver.3.0（学びの時代）」への〝過渡期の渦中〟にある、という強い印象をもちます。それは「令和の文明開化」と言っても過言ではないほどの一大事変だと強く感じるわけです。

〝社会が変われば、学びが変わる。学びが変われば、授業が変わる〟

論を俟つまでもなく、過渡期渦中にあれば授業改善・改革は喫緊の課題でしょう。学校や教師や教育行政の〝当たり前〟を問い直し、固着観念をいったん手放して、学ぶ子供の姿や育つ子供の姿を視座にして、個々の子供の状況を洞察しながら進めなければなりません。それは、難事に受け止められるかもしれませんが、実際は甚だ痛快なことです。

〝変わる〟 ―明らかに社会は変化し、教育にも変化が求められている―
〝変わりたい〟 ―社会が変化しているのだから変わらなければならない―
『しかし、変わるにはこれまでのやり方を崩したり手放したりしなければならない。それは不安だ。これまでのやり方のどこが、何が悪いのか…』
〝変われる〟 ―糸口は眼前の子供の姿や自分自身の内なる意識にあった―

授業改善・改革が求められる中でジレンマに悩んでいる教師や学校が散見されます。授業改善・改革は粘り強い地道な努力とアクティブな人間の営為であると述べました。

実践論に立てば、〝糸口は足もとにある〟ということです。身近なところの、どこかに、何かしらの、ターニングポイントがあるのです。そこから生徒観や授業観や指導観の問い直しがはじまるとき、「変われる」という可能性が見えて、取組に拍車がかかります。

過渡期渦中の授業は、いろいろな要因が複雑に入り乱れて変動し、原因や結果を曖昧にしています。これに対処するには、授業の状況を一つの事実として虚心坦懐に受け入れ、その中に含まれている一つ一つの真実をさぐり解決することが最良の方法です。それは授業を冷静に忠実に観察することから出発するもので、理論だけでは決して済まされないことです。

ここに授業改善・改革の取組を通して知り得た知見を披露し、中学校における教師と子供の変化の軌跡を明らかにして〝甚だもって痛快な授業改善・改革〟をお勧めいたします。

＊

本書を作成することができたのは東洋館出版社の高木聡さんのお陰です。高木さんは榛東中を訪問され、取組を肌で感じ取った上でのゴーサインでした。厳しくも誠意ある姿勢に敬服したことでした。一同謝して御礼申し上げます。

（嶋野　道弘）

第1章

授業改善・改革に向かって

「授業をする」ということ

経験的に言えば、授業をするということは「天井知らずの世界に分け入る」ということです。

澄み切った青い空が限りなく続いている世界。楽しいし、面白い。しかも奥が深くて際限のない世界です。よりよい授業を目指して授業をしても、満足できる授業はなかったと思います。

『いい授業ができた』と思うとすぐに、『もっといい授業をしたい』と思ってしまうものです。授業の世界は「分け入る」という感じです。

美しい花が咲いています。木の実もたわわに実っています。木漏れ日が差し込んだり光が踊ったりもしています。しかし、道なき道や茨の道があったりもするのです。「授業をする」ということは、そうした世界を掻き分けながら、喜びを力にして進んでいくということです。

授業は「創り出す」ものです。理念をもち、イメージを描き出し、授業に具現する一連の営みです。

しかし、そこで終わりにはなりません。授業実践を通して、理念を再構築し、イメージを描き直し、授業を改善・創造し続けます。それは〝天井知らずのスパイラルな営み〟

資料１　授業の営為：天井知らずのスパイラルな世界

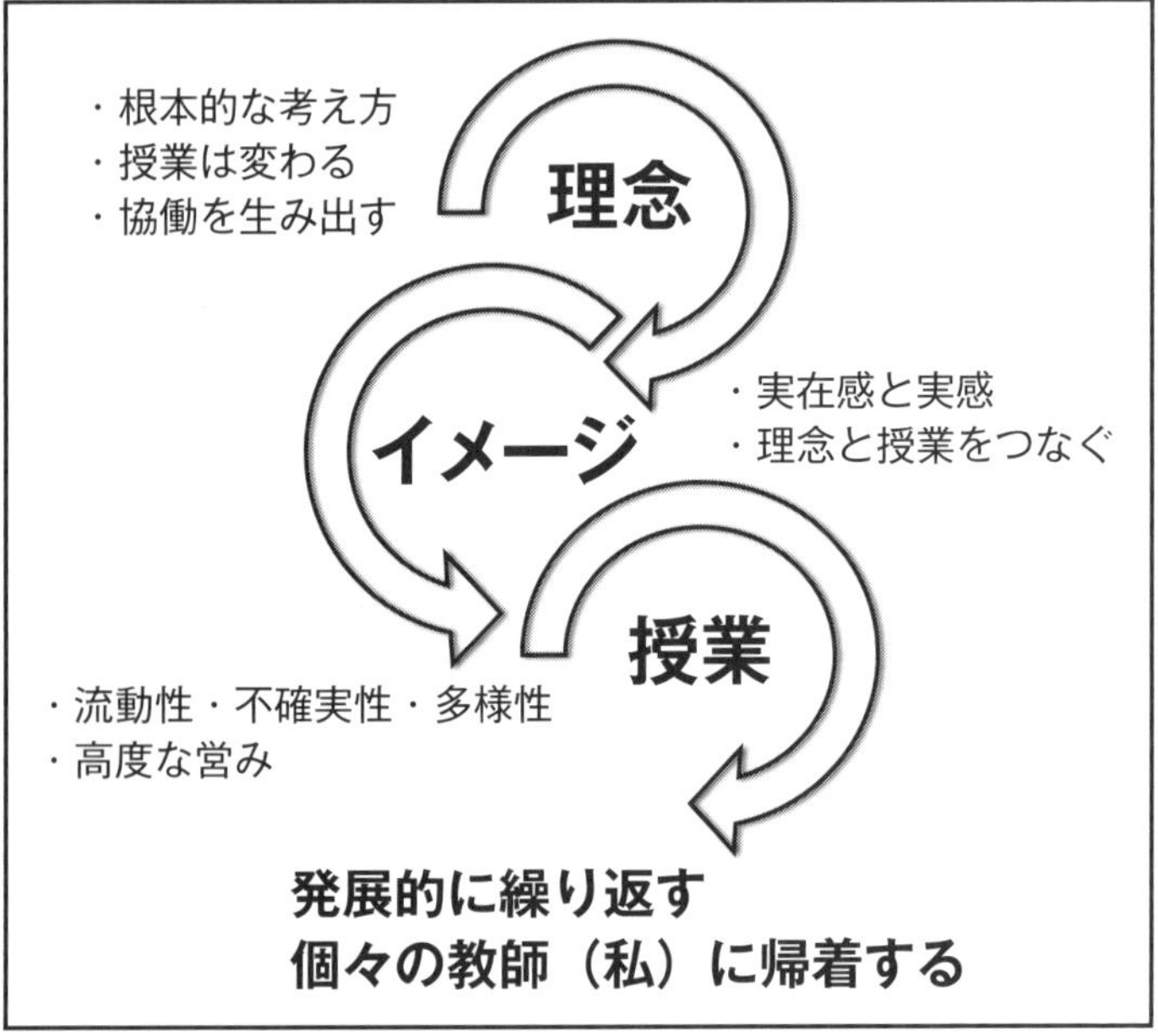

です（資料１）。究極するところ、授業は個性的・人格的で一人一人の教師に帰着します。

「理念」について

授業には理念─どうあるべきかについての根本的な考え方─が必要です。

理念はよりよい授業づくりを目指す個人や学校の精神的な支柱です。理念によって授業は変わります。理念は教師の協働を生み出します。

理念には、個人として自分が確信しているる主観的確信性によるものと、多くの人が納得・承認する普遍的妥当性によるものがあります。

例えば「―誰が何と言おうと―楽しくなければ授業ではない」というのは、主観的確信性によるものでしょう。それに対して、例えば「授業は子供と共に創るもの」ということに多くの人が『そうだ』と納得・承認したとすれば、それは普遍的妥当性が高いことになります。

理念についての理解や認識の程度には、「深浅」「強弱」「濃淡」があります。「どのような授業を質の高い授業と捉えるか」という授業の理念は、個々の教師に委ねられた絶対解のない〝哲学的な問い〟なのです。

理念は個人や学校の精神的支柱です、と述べました。理念は授業の「精神」であり、方法は「形」です。理念のない授業は形骸化します。ジレンマに堕ちたり、つまずいたり、少しの批判にあったりすると崩れてしまいます。

理念は深化します。『今よりももっとよい授業をしたい』という願いをもって実践を重ねる中で、深く確かなものになっていきます。

授業づくりは「子供をどうみるか」ということと深く関係しているのです。理念は子供観を基底にした「教育観」「指導観」「授業観」として言い表されるのが一般です。

無生物も生物も「ある」ことが大切ですが、生物は「なる」力をもっています。特に子供がそうです。子供は「なる」だけでなく、自分を何者かに「する」力をもっています。ぼんやりとなるのではなく、「なりたい」という思いや願いをもって、自分で「する」ことによって、「なっていく」ことができます。

子供についてのこのような認識からは、例えば「能動的な子供観に立つ授業づくり」というような理念が生まれ、その先には「子供への最適な関わり方はどうあればよいか」「どのような手立てを講じればよいか」など、方法への新たな問いが生まれます。

学び合いが成立するには「存在」という点において、どの子供も平等でなければなりません。それとともに、「もち味や資質・能力など」の点においては、一人一人の違いが大切にされなければなりません。その違いを大切にすることによって、一人一人の存在が際立ってくるのです。

対話的・協働的な学び―以下、「対話的・協働的な学び（学び合い）」と表記します―を具現するに当たって、このような理論は役に立つのではないでしょうか。

「対話的・協働的な学び（学び合い）」は、不揃いの子供たちが対話し、協働することで躍動し、深まります。人間は人間であるがゆえに―ロボットではないがゆえに―意志、もち味、資質・

能力等に違いがあることは明白です。その違いを大切にすることによって、一人一人の存在が際立ってくるのです。

『学力や資質・能力に差があって、学び合う授業が実現できない』と考えているとしたら、その考えをいったん手放して再構築してみる必要があります。平等と不平等の関係性を原理にした理論からは、例えば「一人一人の存在が際立つ授業づくり」というような理念を創り出すことができます。

自明のことですが、教える人にとって学ぶ人は他者です。すなわち、子供は教師の教えたとおりには学んでいません。同じに教えてもすべての子供が同じように学んではいません。

それぞれが自分に引き寄せて学んでいます。主体的な学習者であればなおさらです。教えることと学ぶことの関係が成立するには、学ぶ人が学ぼうとしていることが前提であり、学ぶ人の了解や納得が必要になるのです。

これは「他者の他者性」を原理とした授業論・教師論です。

「懇切丁寧に教える」という教師の営みは、あくまでも教師の誠意ある意図的な努力を意味しているにすぎません。他者の他者性を原理にした理論からは、例えば「授業は子供と共に創る」という理念を導き出すことができると思います。

榛東中学校が掲げた「子どもの学びに学ぶ」という理念は、生徒の学びの事実から分析する授業研究の方法を重ねる中で、「教師の意図と生徒の学びは必ずしも一致しないこと」などの知見を得たことから生まれています。

理念をもつことによって個人の授業レベルが高まり、理念を共有することによって学校全体の授業レベルが高まります。実際、毎年全国から参観者がやってくるというような定評のある学校は、確かで不易な理念をもち、授業に具現する営みを積み重ねて〝今〟に至っています。そこに魅力を感じて多くの教師―私自身もまたその一人です―が引き寄せられるのだと思います。

理念には、意識的・無意識的な要因や背景、通過段階での必然的契機などを通して生まれ自分のものになっていく、という性質があります。必然的契機は、子供の姿、書物との出会い、先達の言葉、参観した授業など多様で、個別具体的です。

榛東中学校の授業研究は「子どもの学びに学ぶ」の理念に基づいています。それには次のような〝いきさつ〟があったということです。

「主体的・対話的で深い学び」の実現に向けて、平成29年度から教科の枠を超えて全職員で授業研究に取り組んできた。その過程で、①教師の意図と生徒の学びは必ずしも一致しないこと、②生徒の学びに授業デザインのヒントがあること、③対話から学ぶ力は誰にでもあること、がわかってきた。

そこで、発話だけでなく微妙な表情の変化や姿勢などに着目して学びを多面的に捉え、以降の授業デザインに生かそうと考えた。以上から、「対話を通して多様で個性的な考えを見いだす生徒の育成を目指し、子どもの学ぶ姿から教員が学ぶことに重点を置く授業研究を創造する」ことに取り組む。[注①]

棒東中学校の授業研究の理念には、こうした必然的契機があったのです。

理念は、研究主題「子どもの学びに学ぶ授業研究の創造」に表されています。これ以降、授業研究は子供の学ぶ姿に学ぶ教師の対話的・協働的なスタイルとなって定着し、今に続いています。

[注①] 榛東村立榛東中学校「ICT活用促進プロジェクト校内授業研究会」提出資料、令和4年6月6日

「子どもの学びに学ぶ」の理念が独り歩きすれば不条理なことでしょうが、創出のいきさつや共有後の取組を精察すれば、深い意味があって納得のいくことだと思います。「子どもの学びに学ぶ」という理念は、榛東中学校における授業改善・改革のターニングポイントの一つになったのです。

詩集「一人のために」[注②]には、「明日」と題する詩が収録されています。

はきだめに
えんど豆咲き
泥池から
蓮の花が育つ
人皆に美しき種子《たね》あり
明日《あす》なにが咲くか

この詩に出会ったのは、いつなのか、なぜなのか、今となっては定かではありませんが、成長する一人一人の子供に向けられた温かい眼差しに限りない人間愛を感じて、授業の精神はここにある、と感得したのでした。詩集は今も座右にあり、時々にひも解いて、教育はロマン、教育はときめき、と生気を失った精神の復活を図っています。

「私には理念が変わった〝その時（契機）〟がある」と語っている教師がいます。[注③]

「その時から、私の目指す授業は『わかる授業』から『わかる喜びを実感できる授業』へと変わっていった」と言うのです。理念が変わった要因や背景に、わかる喜びを全身に表す子供の存在があったのです。

「恩師の一言が転機になった」と語る教師もいます。[注④]

「あの場で、あの言葉―教師は授業で喜ばせてこそだよ―がなければ、あの状態―毎日子供たちと遊び、学校生活を楽しんでいる状態―の私の目はずっと覚めないままだったかもしれない。なんとかいい授業がしたい、ようやくその思いが私の奥底に芽生えた」と語っています。

「教師は授業で喜ばせてこそだよ」の一言は、普遍妥当な理念ですが、あの時の状態の私にとっては個別具体的な言葉です。「その人―恩師―」から「この人―期待する教師―」へ

［注②］安積得也著『詩集　一人のために』善本社、1953年初版、13頁（明日）
［注③］齊藤さゆり「分かった！を目指して」信濃教育、第1603号、2020年、34〜35頁
［注④］中野邦彦「中野君、教師は授業で喜ばせてこそだよ」信濃教育、第1615号、2021年、36〜37頁

の一言だからこそ、この人に転機をもたらすほどの効力が出たのでしょう。

このように理念の源泉は多種多様で、理念もまた多種多様です。肝心なことはもやもやしている理念を言語で言い表してみることです。「理念の言語化」は『よりよい授業をしたい』という願いを実現する第一歩なのです。

「イメージ化」について

理念をもち、理念を言語化し、概念が具体化されても、イメージがわかなければ授業に具現することは難しいでしょう。理念が理解できているかどうかはイメージ化しようとしてわかります。『イメージがわかない』というのは、言語では理解したつもりでも実在感・実感として理解できていなかったということです。

イメージ化とは、理念の姿や形を心の中に描き出すことですが、もっと深い意義があるようです。佐伯[注⑤]は「イメージは映された像でなく、任意の像を生成できる活動体のことである」と説いています。

イメージ化によって概念と情景が結び付いて実感的な理解が深まります。過去の経験や記憶が再生されて心像風景─心の中に思い描いたり、浮かんだり、刻み込まれたりしている風景─が浮かんできます。より質の高い授業をしようと願う人にとっては、実在感や実感を伴った理解が進み、実現したい具体像が浮かび、可能性を感じて期待感が高まり、なんとしても成し遂げたいという姿勢・態度が生まれます。

イメージ化は理念と授業の間にあって、理念と授業をつなぐ重要な役割をもっているのです。理念を直ぐに授業に結び付けるのは〝段飛ばし〟と言うもので、〝せっかち〟で無意味なことです。

教師を目指す学生に「どんな授業をしたいですか」と聞くと、多くの学生は「自分が受けてきた授業」や「忘れられないあの先生の授業」などと回答します。教師を目指す今となって、あの時の、あの教師の授業が実在感と実感を伴って描き出されるのでしょう。

「(幼・小)教育連携論」の講義後に提出された学生のレポート(部分)です。

私の受けた幼児教育を思い出してみると、先生は様々なものを意識化させたり体験

[注⑤] 佐伯胖著『イメージ化による知識と学習』東洋館出版社、1978年、212頁

させたりしてくれた。例えば、散歩で私たちを連れ出すと、必ず立ち止まる時間を作っていた。そして、そこに咲いている花のことを教えてくれたりしてくれた。「見つけようタイム」という時間もあった。地面を這うように見ていると、いろいろな種類の虫に出会う。虫の巣や抜け殻などを見つけて、じっくり観察していた記憶もある（中略）今考えてみると、このような体験をする中で、先生は受け身にではなく「能動的に…」の性質を身に付けさせようとしていたのかもしれない。そして、諸感覚をフルに使い、一人一人に感じさせることによって、表現力や想像力を伸ばそうとしていたのかもしれない。それが私たちの中で気付かないうちに深い学びにつながっていたように思う。

この学生の心の内には、今となっては遥か昔になってしまった園での生活が実在感と実感を伴って蘇っています。講義と園での活動の記憶が結び付いて講義の内容が理解され、当時の園の先生の意図にまで考えが及んでいます。「遊びを通した総合的な学びを展開する」という幼児教育の特質もイメージを伴って納得することができたと思われます。

この学生に起きたイメージ化は、「講義内容」「園での活動の記憶」「その時の教師の意図（推測）」「幼児教育の特質」を連続的・関係的につなぎ合わせた像の生成なのです。イメージ化は、今後に実践してみたい像を描き出す〝創造的行為〟であった、と言えます。小出[注⑥]は「『イメージ化』は学習者自身の学びの質を高める効果があるものと考えられる」と報告しています。

イメージ力を高めるためには、〝後に〟再生される記憶や経験を〝今〟ため込む必要があります。しかし、個人でのそれには限界があります。授業参観・事後協議会に積極的参加したり、機会を得て自ら授業公開を試みたりするのは良策です。

授業参観には、他人の授業を自分事にして当事者意識で臨むことが肝心です。授業者や子供の立場になって観る。発言だけでなく、表情、しぐさ、行為、つぶやき、なども観る。教室に流れる空気やその変化を感じながら観る。

後方からだけでなく—授業の妨げにならないように配慮しつつ—側方や前方からも観るようにします。実在感や実感を得るための〝自分流〟を工夫をすることをお薦めします。記憶に留めるために記録を取りながら観ることは必須です。

［注⑥］小出禎子「『イメージ化』が学習者自身にどのような影響を及ぼすのか」愛知工業大学研究報告第57号、令和4年3月

授業後の協議会は「協働的解釈[注7]」が行われる場です。同じ授業を観ていても、そこで何を観ているか、観たことをどのように解釈しているかは人によって異なります。

授業観察の視点が出されていても、授業の観方や捉え方には観る人の主観が反映してしまいます。一方、相対的に妥当な解釈を協働的に明らかにすることは可能です。正解は不確定であっても妥当性、信頼性が生まれて、最適解・納得解を見付け出すことができます。

一人の主観は主観で留まりますが、多くの人の主観が集まれば客観性を帯びてきます。その場に身を置くことによって、自分自身の見取りの妥当性も自己診断ができます。授業参観と事後協議会の積極的な参加はイメージ力を高めます。

一般に、授業は一人の教師によって密室的な教室で行われます。そこは、ともすると独善に陥りがちな世界です。授業を公開することは、それを制御したり、そこから抜け出たりする好機です。

賢明な教師は、授業を公開することを通して、授業者としての自分をメタ認知―認識している自分を高次の視点から把握する―します。参観者からは、授業者である自分とは異なる次元から、授業中に起こっている事実の有様、その解釈や率直な意見をもらうことができます。それは、自分の授業を批判的に、しかし建設的に捉える機会です。

他人に授業を観てもらうことは、自分自身では見えなかった授業の側面を観ることで、これを積み重ねることによって、より高次の授業の実現やそれに必要な力を高めることができます。

「主体的・対話的で深い学び」を具現する授業改善・改革が充実して教室の情景―人の心にある感情を起こさせる風景や場面―が変わってきました。1単位時間の中に「整然とした教室」「ざわめく教室」「沈思黙考する教室」が見られるようになりました。

「整然とした教室」では、教師が発問し、子供が手を挙げ、指名されて発言します。これをよく聞き取り、「ほかにどうですか?」と発言を促します。授業は秩序正しく整然と進みます。これはフォーマルなコミュニケーションで進む授業です。発問と挙手と発言による授業はこれまでの主流でした。

これに留まらず、「ざわめく教室」が現れてきました。学び合いの場面では、付箋やカード、思考ツールなどを活用して、メンバーの考えを関係付けたり、分類したり、比較、

[注⑦] 鹿毛雅治著『授業という営み』教育出版、2019年、304頁「参観者間、参観者と授業者の非対称性が存在するからこそ、授業の協働的解釈が深まっていく」

資料2　変わる教室の情景

ざわめく教室

●インフォーマル　コミュニケーション

・確かに（承認・認め合い）
・なるほど（納得・認め合い）
・そうそう（共感・認め合い）
・表情　動作　ひとりごと　つぶやき
　＊対話・協働する学び

整然とした教室

●フォーマル　コミュニケーション

　＊発問、挙手、発信する学び

静寂な教室

●自己内対話

　＊沈思黙考する学び

ランキングしたりします（資料2）。

「そうそう」「そうなんだ」「確かに」「なるほどね」「それいいね」「それなら、こっちじゃないの」「こうしたらどうかな」などのつぶやきが必然的に生まれ、表情豊かに、身を乗り出し、身振り手振りを交えて活発なやりとりが行われます。

一人一台の端末タブレットを効果的に活用する場面も増えてきました。画面上に友達の考えが送られてくると、『あれ違うぞ、どうしてだ』などとつぶやいたりしています。見かけは個別の学びですが、実際は学び合っているのです。

タブレット上のやり取りでは物足りないのか、本人のところにまで行って直接意見交換をする子供もいます。対話的・協働的な学びが活発に行われている結果として教室がざわめくのです。

これは、インフォーマルなコミュニケーションで展開する授業です。当然、教師の役割も変わってきます。対話的・協働的な学びがスムーズに進むように、また効果が上がるように支援していくファシリテーターの役割が求められるようになってきました。

「沈思黙考する教室」も見られるようになりました。

授業の最後、振り返りの時間では教室の情景が一変します。静まり返って、振り返りを書く音しか聞こえません。教師は何も言わず語らず、振り返りを書く子供の様子を温かいまなざしで見守ります。

子供が沈思黙考するのは〝自己内対話〟をしているからです。本時の授業が自分にとってどうだったかを自分で自分に問いかけて、自分にとってもつ意味や価値を見付け出しているのです。一人一人の子供にとって誰にも侵されたくない時間です。沈思黙考する子供を見てそれを感じます。

「整然とした教室」「ざわめく教室」「沈思黙考する教室」では、コミュニケーションが多彩です。フォーマルコミュニケーション（外言）。インフォーマルコミュニケーション（外言・内言）。自己内コミュニケーション（内言）。感じたことや考えたことなどを言葉で伝える言語コミュニケーション。表情や動作や身ぶりなどで伝える非言語コミュニケーション。

授業の情景をイメージすることによって、授業は発言や記述などの言葉だけでなく、表情や動作やしぐさ、内なる言葉や心情など多様な要素で成り立っていることが理解できると思います。授業のイメージ化は、実在感と実感を伴っていることが大切です。

「授業」について

(1) 教室の空気

授業は、理念やイメージを具現する場ですが、そこには多様な要素が絡むために、常として思ったとおりにはいきません。理想的には理念とイメージと授業は一体で照応すべきものですが、現実的には「ずれ」が起こります。

「ずれ」は創造の源です。授業づくりが「天井知らずのスパイラルな営み」なのは、「ずれ」に気付いて「再認識」「描き直し」「改善、創造」する不断の営みだからです。

失敗が多いのが授業です。上手くいった授業より、思ったようにいかなかった授業のほうが多いのが一般です。授業は「天井知らず」の上に「流動性」と「不確実性」と「多様性」で成り立っているからです。

「このようにすれば、このようになる」というのは確率の問題で、「このようにしても、このようにならない」ことが起こるのが授業です。Aさんにはよくても B さんにはそれほどでもなかった、1組はよく反応したが2組ではさほどではなかった、というのは当然です。良質な失敗を奨励するのは授業改善・改革の知恵です。

子供は刻々と変わる教室の空気を肌で感じ取り、直覚して授業に臨んでいます。参観していて、教室に流れる空気を感じておのずと引き込まれてしまった、という経験をもつ人も多いと思います。授業の空気は、子供や教師の表情、眼差し、しぐさ、発話、語調などの多様な要素によって生み出されます。そこでの応変には高度な知性・感性・悟性と創造性が求められます。

質の高い授業の世界は「天井知らず」です。ＡＩの進化は驚異ですが、質の高い授業の奥は深く、知性・感性・悟性を統合的に機能させることのできる人間だからこそ可能な営みであると思います。

究極するところ、授業は個性的、人格的で一人一人の教師の人間性に帰着します。

(2) ジレンマ

授業をしているとジレンマに陥ることがあります。それは指導方法の問題からはじまり、授業観や子供観という本質的な問題にまで及びます。

授業は子供の「ジッタイ」を踏まえて行われますが、ジッタイには二つの意味があります。

「実体」と表記されるのは、学問的な知見に依拠し、「子供は本来～である」というように、変化する諸性質の基盤をなす普遍的なものを意味します。一方、「実態」は「子供は～の状況にある」というように、その時々の子供の様子を意味します。実体が状況の背後にある本質を指すのに対して、実態は外から観察される状況そのものを指します。

多くの場合、ジレンマはこの二つのジッタイの板挟みになって起こります。また、『子供は自ら学ぶことができる』という「子供への信頼」と『教師は教えてやらなければならない』という「教師の責任感・義務感」の板挟みになってジレンマに陥ることもあるでしょう。

しかし、ジレンマを回避してはなりません。ジレンマに陥るのは、人間的な眼差しで子供を捉え続け、関わり続けようとするからです。ジレンマと向き合うその先には、より高次の予期の効果が待ち受けています。教師の出る場面や瞬間を測って出方を考えて出る─出場と案配─。じっくり考えている間は見守って待つが待ちすぎないようにする。等々。それらは「実践知」と言えるもので、応変な指導の妙技です。

(3) 授業の最終裁定者

授業の是非を最終的に裁定するのは子供です。教師は思いどおりにいったと思っても、子供はそれほどでもなかった、というのは不幸な逆説です。思いどおりにいかなかったと思ったのに、子供にはすこぶる評判がよかった、という逆説は望外の喜びです。

究極するところ、学んだことは子供に〝落ち〟なければなりません。授業の是非は最終裁定者の納得や了解、満足感や充実感が決め手になります。

「影のついた部分」の面積や周の長さを求める授業[注⑧]での生徒の受け止め方です。同じ問題を解いているのに受け止め方は違います（＊以下、傍線は筆者）。

［注⑧］授業者・藤井天（所沢市立所沢中学校教諭）第一学年数学「円と扇形の計量」

変な形とか分からない形でも、自分が求められる形（円とか正方形とか）を足したり引いたり掛けたりすれば、自分の求められる形として求められるって身にしみて気付きました。

この生徒は、授業を通して、自分にとっては極めて大切なことがわかり、そのことに大きな喜びをもったことが感じ取れます。満足感や充実感を覚えたことでしょう。

図の面積を解くときに大切なことは、どういう図がどうなって問題の形になっているかをよく考えながら解くことだと思いました。私はこのようなことをよく考えないで解いてしまうことが多いので、それを無くすことを頑張っていきたいと思います。

この生徒は、問題を解くポイントに気付くとともに、自分自身をよく認識しています。それを通して、今後の自分の〝頑張りどころ〟に考えを深めています。メタ認知力―現在進行中の自分の思考や行動の特性そのものを対象化して認識する力―が高いのです。〝努力のしどころ〟を自分自身で把握し、その克服に向けて自ら努力することが期待できます。

形の見方を変えることによって、また新たな視点で面積や周を求める計算をすることが大切だと感じました。次は二つ以上の視点で計算したいです。

見方を変えることが問題解決のポイントであることに気付き、それを活かしてより複雑な問題解決に臨みたい、と意欲を高めています。

生徒は、自分は何を学んだか、自分にとって何が大切か、自分はこれからどうするか、を自覚しています。それは一人一人違っていますが、どの生徒も本時の授業が自分にとって有意味な学びとなったことを実感しています。すなわち、本時の授業についての生徒の裁定は「是」であったわけです。よい授業だったことを子供が物語っています。

有能な学び手である子供は、自分で自分自身や自分の学びをメタ認知し、自己調整して次につなげようとします。そうした子供の姿が表出するのは「実体」と「実態」が合一したことを意味します。

二つのジッタイの不一致でジレンマに堕ちていた教師は、そこから抜け出すことができます。「授業の是非の最終裁定者は子供」という視点に立てば、一人一人の子供に、本時の授業がどのように〝落ちた〟のか、まで見届けなければなりません。

(4) 存在が際立つ

不登校支援事業教育実践報告会[注⑨]でのことです。

生徒「頑張ったってしょうがない、頑張っても自分はダメなんだ、という意識があった。
でも―この学校に入って―少しであっても、できたんだと思えるようになった」[注⑩]
司会「お子さんはどうして変われたと思いますか？」
親「いいところあるじゃない、と思ってもらったのがよかったのかなと思っています」

子供のネガティブな意識がポジティブになり、自己肯定感が高まりつつあります。親は我が子の変化の背景について的を射た推察をしています。『いいところあるじゃない、と思ってもらった』は存在の肯定です。

自己肯定感は自分の中だけでは生まれにくいもので、自分が周囲の人から認められることで生まれ育まれます。子供は自分の存在を認めてもらったことを感じ取り、親は子供の姿を通して我が子の存在を認めてもらっていることを感じ取って、子供も親も存在の肯定感を高めたと推察できます。

ポジティブな自分に変われたのでしょう。存在が肯定されて、この子供がもともとっている―しかし種々の要因で影を潜めてしまった―性質や能力が発現したのでしょう。

子供は本来アクティブな存在です。頑張りたいのです。「頑張らなくてよい」と言われると悲しいのです。どうしてよいかわからなくなるのです。しかし、理不尽に、無理無体に頑張らせれば壊れます。

生徒「学校らしい学校の生活や学習に疲れて不登校になった私が、今、―学校らしくない学校で―生き生きと生活や学習をしているという実感があります[注⑪]」

［注⑨］「岐阜から創る新たな教育」令和3年度不登校支援事業実践報告会、令和4年2月20日、主催・学校法人西濃学園、岐阜県揖斐郡揖斐川町東横山1070、2009年に揖斐川町に開校、2017年に不登校特例校の指定を受ける。

［注⑩］学校法人西濃学園生徒

［注⑪］岐阜市立草潤中学校生徒、令和3年4月岐阜市立の不登校特例校として開校

学校らしい学校に疲れて不登校になった私。学校らしくない学校で生き生きと生活や学習をしている私。生徒の発言を聞いて「真《まこと》の学校・授業」について考えてしまいました。〝授業らしい授業〟は授業をする誰もが目指す、在るべき授業の姿でしょう。しかし、その具体は様々です。対立している場合さえあります。授業らしい授業は普遍妥当な概念ですが、その具体は時代や時勢とともに変わります。

述べてきたように、〝授業らしい授業〟は絶対解のない哲学的な概念です。概念を具体化し、イメージを描き出し、授業に具現するスパイラルな取組が必要です。

授業は一人一人の「存在」が際立つ場であるべきです。子供は自分が一人の人間として大切にされ、存在感と成長の喜びを実感することを望んでいます。提唱されている「主体的・対話的で深い学び」「個別最適な学びと協働的な学び」さらに「学びの多様化学校」の実現は、こうした子供の求めに応えるものでありたいと願うところです。

＊

本稿の初出は『信濃教育』第１６２７号（令和４年６月）。
本書収録にあたり加除・修正しました。転載を快諾いただいた「公益社団法人 信濃教育会」に感謝申し上げます。

「授業を改善・改革する」ということ

授業スタンダードの意義

能動的な学び手（アクティブラーナー）を育てる「主体的・対話的で深い学び」の実現に向けて授業改善・改革が進み、予期の効果を上げている教員や学校、地域が現れてきました。

—知る限りにおいて—そうした学校や地域では、授業デザインに基づく〝授業スタンダード〟を採用して、認識を共有し、実践し、評価・改善しながら継続した取組を進めています。これによって教師の意識がポジティブに変わるとともに、教師個人の授業力が高まり、ひいては組織体である個々の学校や地域の授業の水準が高まっています。

課題に正対したまとめを行うことで学びが整理される。また、見通しを持つことで実りある振り返りができ、次時への意欲につながっている。

授業スタンダードの学習の進め方を小学校から取組んでいるので、授業の流れが身についている生徒が多い。めあてをもとに考えたり活動したりし、授業のまとめを生徒とともに考え、しっかりと振り返りをすることができている。
振り返りを通して、子供が次の目標を持ったり、課題を把握したり、自分で調整している姿が見られるようになった。そこから私自身の授業改善にもつなげられている。

＊「教員の教育活動に関する意識調査[注⑫]」より（令和４年度　本庄市教育委員会）

授業改善・改革の究極の目的は、改善・改革した授業の在り方を時代・社会の変化に適応した〝文化にする〟ことです。文化にするとは日常化することで、すなわち〝当たり前〟―コロナ渦で当たり前の価値を再認識したところですが―にすることを意味します。授業は日常の地道な営みですから当たり前にすることが肝心です。

時代・社会の変化に適応した授業スタンダードは一定水準の授業を保証します。

学校は経験年数、専門・得意とする教科、もち味等が異なる多様な教員の集合体です。それぞれの教員の個性ある授業は歓迎されるべきです。それとともに、意識調査には「小学校から取組んでいるので…」の声があるように、誰もが、教科、学年、校種等を超え

［注⑫］「教員の教育活動に関する意識調査（令和４年度）」本庄市教育委員会（小学校12、中学校４）は、平成30年度から「本庄型授業スタンダード」を策定し、授業改善・改革に取り組み、今日に至っている。

資料3　授業スタンダードと創意工夫

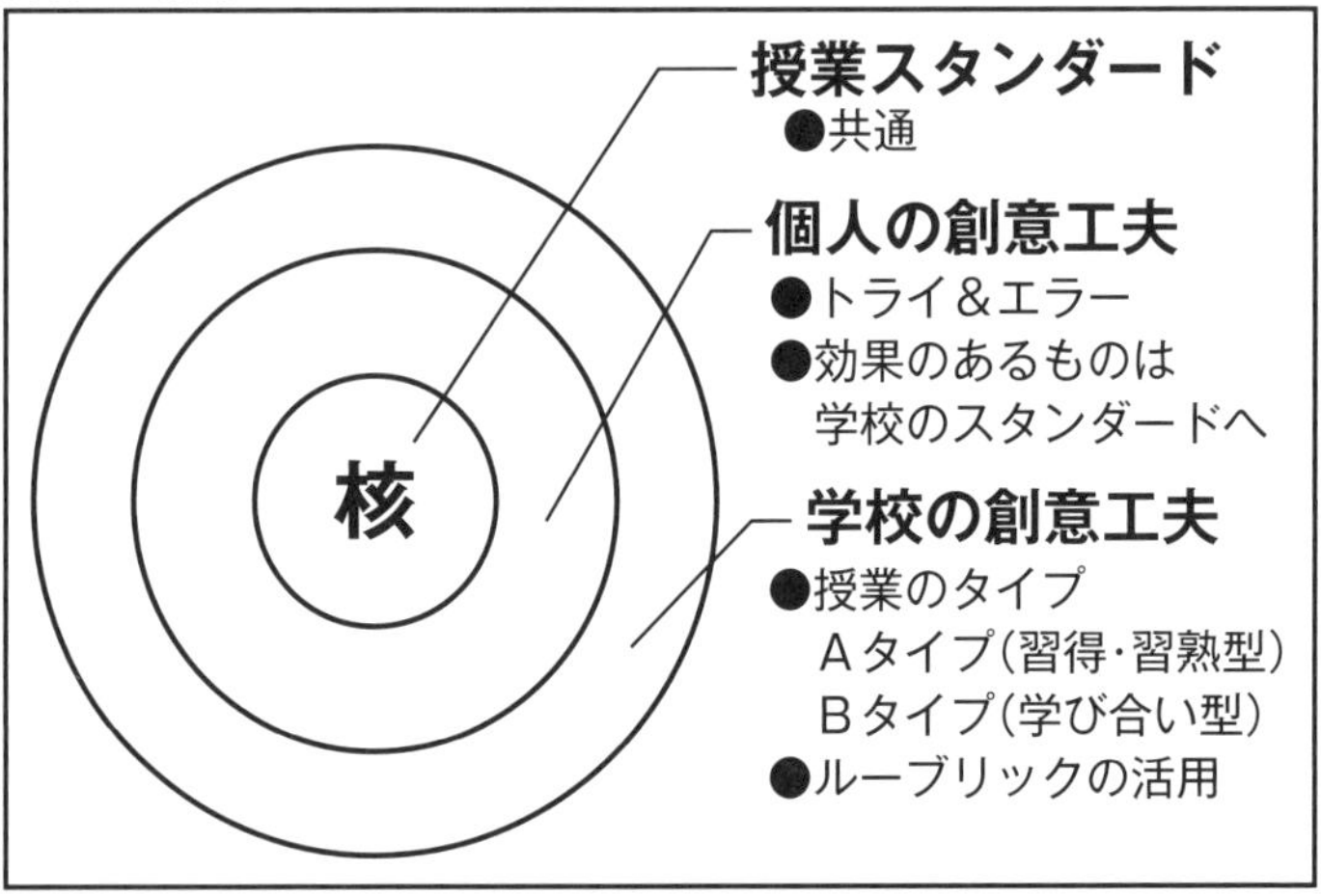

て共通に展開できることが望まれます。それに応えるものが授業スタンダードです。

「主体的・対話的で深い学び」の実現を目指して策定した授業スタンダードは、授業を一定の型にはめることではありません。クラシックをジャズに編曲するように、スタンダードがあってアレンジがあり、応用・発展があります。スタンダードは創意工夫を奨励します（資料3）。

例えば、本庄市教育委員会では、「授業スタンダード」を「タイプA」と「タイプB」に創意工夫して単元指導計画を作成しています。「タイプA」はコンテンツをベースに置き、知識・技能の習得・習熟を意図しています。その特徴は「対話・協働（学び合い）」の時間を少なくして、「まとめ」の後に「定着問題」「チャレンジ問題」などに取り組む時間を多く設定していることです。

「タイプB」はコンピテンシーをベースに置き、未知の状況にも対応できる資質・能力の育成を意図しています。その特徴は「深い学び」を目指して「対話・協働（学び合い）」の時間を十分に設定していることです。

創意工夫の否定や排除、意欲の低下はマンネリ化を呼び込んでしまいます。結果、形骸化して予期の効果を上げることはできません。重々承知のことと思いますが、くれぐれも警戒が必要です。

授業をデザインする

授業デザインの設計に当たっては、授業を構成する要素を確認して確定する必要があります。「主体的・対話的で深い学び」の実現に向けた授業改善・改革は、「主体的な学び」「対話的な学び」「深い学び」の視点[注⑬]から導き出すのが良策でしょう。

[注⑬]　―「主体的な学び」「対話的な学び」「深い学び」の視点は、各教科等における優れた授業改善等の取組に共通し、かつ普遍的な要素である―「小学校学習指導要領（平成29年告示）解説　総則編」文部科学省、２０１７年、76、77頁

①学ぶことに興味や関心を持ち、自己のキャリア形成の方向性と関連付けながら、見通しをもって粘り強く取り組み、自己の学習活動を振り返って次につなげる「主体的な学び」が実現できているかという視点

②子供同士の協働、教職員や地域の人との対話、先哲の考え方を手掛かりに考えることを通じ、自己の考えを広げ深める「対話的な学び」が実現できているかという視点

③習得・活用・探究という学びの過程の中で、各教科等の特質に応じた「見方・考え方」を働かせながら、知識を相互に関連付けてより深く理解したり、情報を精査して考えを形成したり、問題を見いだして解決策を考えたり、思いや考えを基に創造したりすることに向かう「深い学び」が実現できているかという視点

授業の構成要素として「主体的な学びの視点」からは「見通し、振り返り」、「対話的な学びの視点」からは「協働、対話」、「深い学びの視点」からは「相互の関連付け、考えの形成、問題の見いだし、解決策の考案、創造」を選び出すことができます。

これらに加えて、「見通し」には「めあて（目標・課題）」が必要です。また「対話、協

資料4　授業デザイン・スタンダード

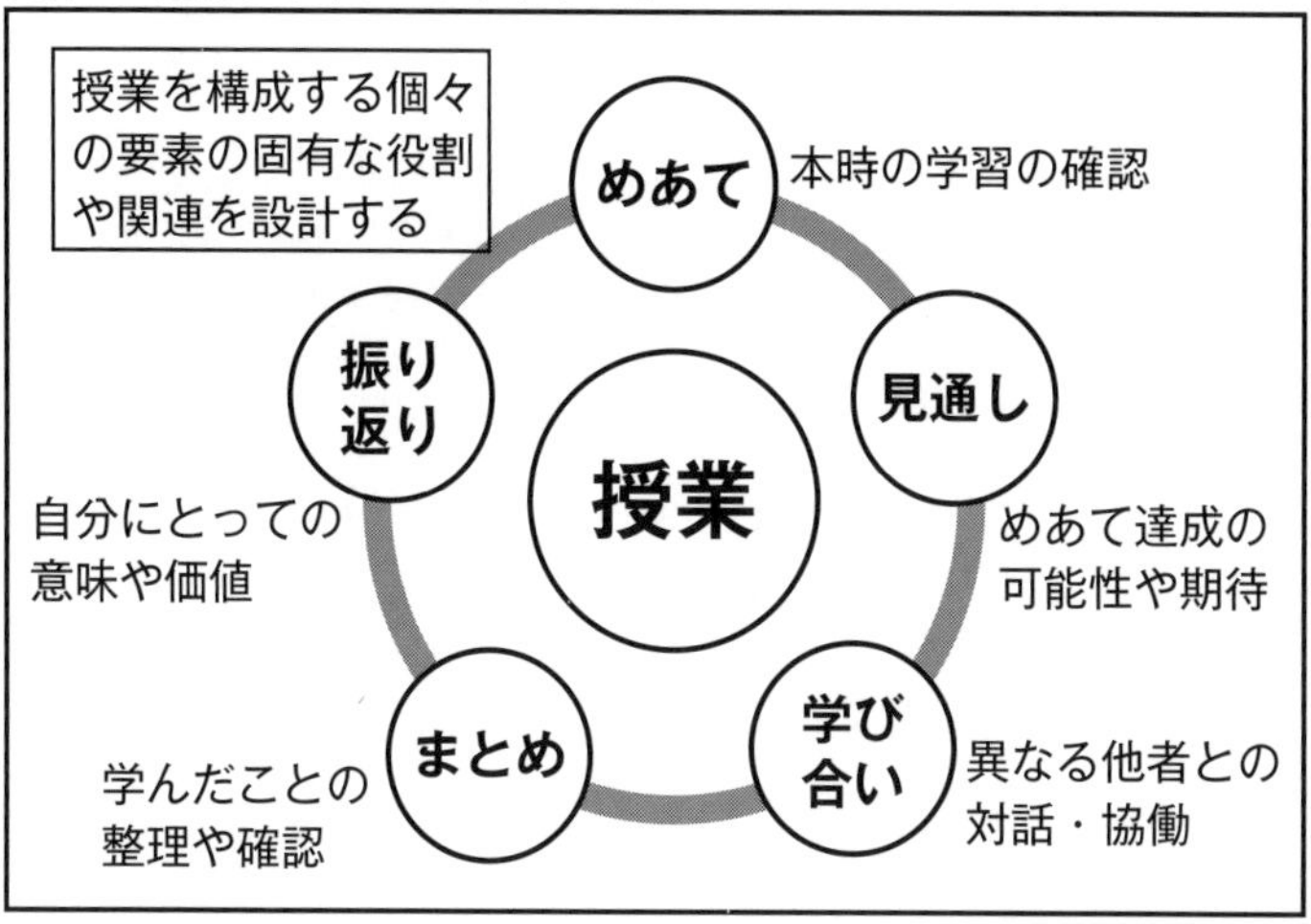

働―本章では（学び合い）とも言い表します―」したことは「まとめ」が必要です。結果として、「めあて」「見通し」「対話、協働（学び合い）」「まとめ」「振り返り」の5つを授業の構成要素として確定することができます（資料4）。

5つの要素は、それぞれに固有な役割をもつとともに、他の要素と関連し合って総合的・効果的に機能します。質の高い授業では、例えば「めあて」と「まとめ」はよく整合しています。「対話・協働（学び合い）」したことは、「対話・協働（学び合い）」した者の納得や了解のある「まとめ」になっています。

(1)　めあて

「めあて（目標・課題）」の役割は「本時の学習

の確認」です。教師は子供にこの時間で「何を学ぶか、何をするか、何ができればよいか」を意識させます。子供は『この時間は○○をするのだな』と意識し、何をすればよいかを掴みます。

「めあて」の設定には、①問題を知る➡②問題の所在（問題の中にある問題点）をつかむ➡③問題点をどうするかを明らかにする➡④めあてを設定する、の過程が大切です。

能動的学習者（アクティブラーナー）を育てるには「問題を知る」だけでは不十分です。問題の中から『なんでだろう』という疑問や不思議を自ら見付け出し、問いをもち、解決すべきことを掴むことが大切です。

「交通事故がよく起きる」というのは問題です。そこで留まらず『なぜその場所で（その時間帯に）よく起きるのか』という問いは、交通事故がよく起きる、という問題に潜む問題点への接近です。従前は「興味・関心」と言われていたことですが、能動的な学習では「問い」をもつようにすることが望まれます。

自ら「問い？」をもち、解決すべきことを掴み、解決の過程をたどれば、『なるほど、そうか！』という「納得！」に行き着きます。その営みは満足感・成就感を実感できるもので、子供の自己肯定感・自己効力感を高めます。

能動的な学び（アクティブラーニング）での「めあて」は、例えば、「考えよう、説明しよう、確かめよう」等の具体的な活動（何をするか）がイメージできる言い表し方が適します。興味・関心を高めることや問いをもつこと、はとても重要です。しかし、それは「めあて」設定の前提として、ということです。

「～だろうか?」という疑問形のままでは「めあて」にはなりません。教師には、興味・関心や問いを「めあて」に変換して言い表す役割があります。

(2) 見通し

「見通し」の役割は、これからはじまる学びへの「自分自身の可能性や期待の予測・予期」です。―次項の(2)で詳述します―

教師には、「どのようにやりますか」「できそうですか」などと問い掛けて、『できそうだ』『あのやり方でやればできるかもしれない』という可能性の意識を引き出す役割があります。はじめから達成の可能性がもてずに、「ゼロだ」と感じれば、行動を起こそうとはしないものです。

(3) 学び合い

「学び合い」の役割は「思いや情報や考えなどの共有、相互理解や認識の深め、合意の形成、実践」です。―次項の(4)で詳述します―

(4) まとめ

「まとめ」の役割は「学んだことの整理や確認」です。例えば、板書されているキーワードなどを使って全員で行います。教師の板書技能は重要なので、これを高めておかなければなりません。

「まとめ」は〝子供任せ〟というわけにはいきません。教師の適切な指導・助言とともに、子供の了解や納得が必要です。「まとめ」と「めあて」は対になります。

(5) 振り返り

「振り返り」の役割は「自分自身の学びの捉え直し、自分自身の学びや変容の自覚」です。「まとめ」が教師の適切な指導・助言の下に全員で行うのに対して、「振り返り」は一人一人が自分の学びを省察して黙々と行います。―次項の(3)で詳述します―

「まとめ」と「振り返り」は違います。小林、梶浦は、その違いを個性の現れ方に視点を置いて―「学習のまとめ」はさほど子供の個性は表面化しないが、「振り返り」はその子供の個性が現れやすくなります[注⑭]―説明しています。

(6) 学びの好循環

予期の成果を得るためには「めあて」「見通し」「学び合い」「まとめ」「振り返り」が1単位時間に収まるようにしなければなりません。前時の振り返りを丁寧にやりすぎれば授業スタンダードの途中でタイムオーバーとなってしまいます。「学び合い」が活発に行われたとしても「まとめ」に至らなければ、それは〝学びっぱなし〟ということで、学んだことが整理・確認されず、何を学んだかがわからないままで終わってしまいます。「タイムマネジメント」は教師の重要な役割です。

［注⑭］小林和夫、梶浦真著『全ての子どもを深い学びに導くICTの活用と「振り返り指導」』教育報道出版社、2023年、43～45頁

概念とイメージ

「主体的・対話的で深い学び」の実現に向けた授業改善・改革に当たっては、主要な用語について、概念とイメージを明確にしておく必要があります。これまでとは全く異なる指導方法を導入することではないのですが、それだからこそ「主体的・対話的で深い学び」の具現を左右する主要な用語や無意識的に用いてきた活動などについては再確認・再認識が求められます。固着観念をいったん手放して概念を再構築してみてはどうでしょう。

(1)「主体的」について

「主体的」は最も主要な概念で等閑にできません。しかし、曖昧だったり取り違えたりしていることがあります。「主体的」「自発的」「自立的」「自律的」「自主的」は似ているようですが、それぞれの意味や使い方は違います。

「自発的」は他からの働きかけによるのでなく、自分から行うこと。

資料5　主体的な学び

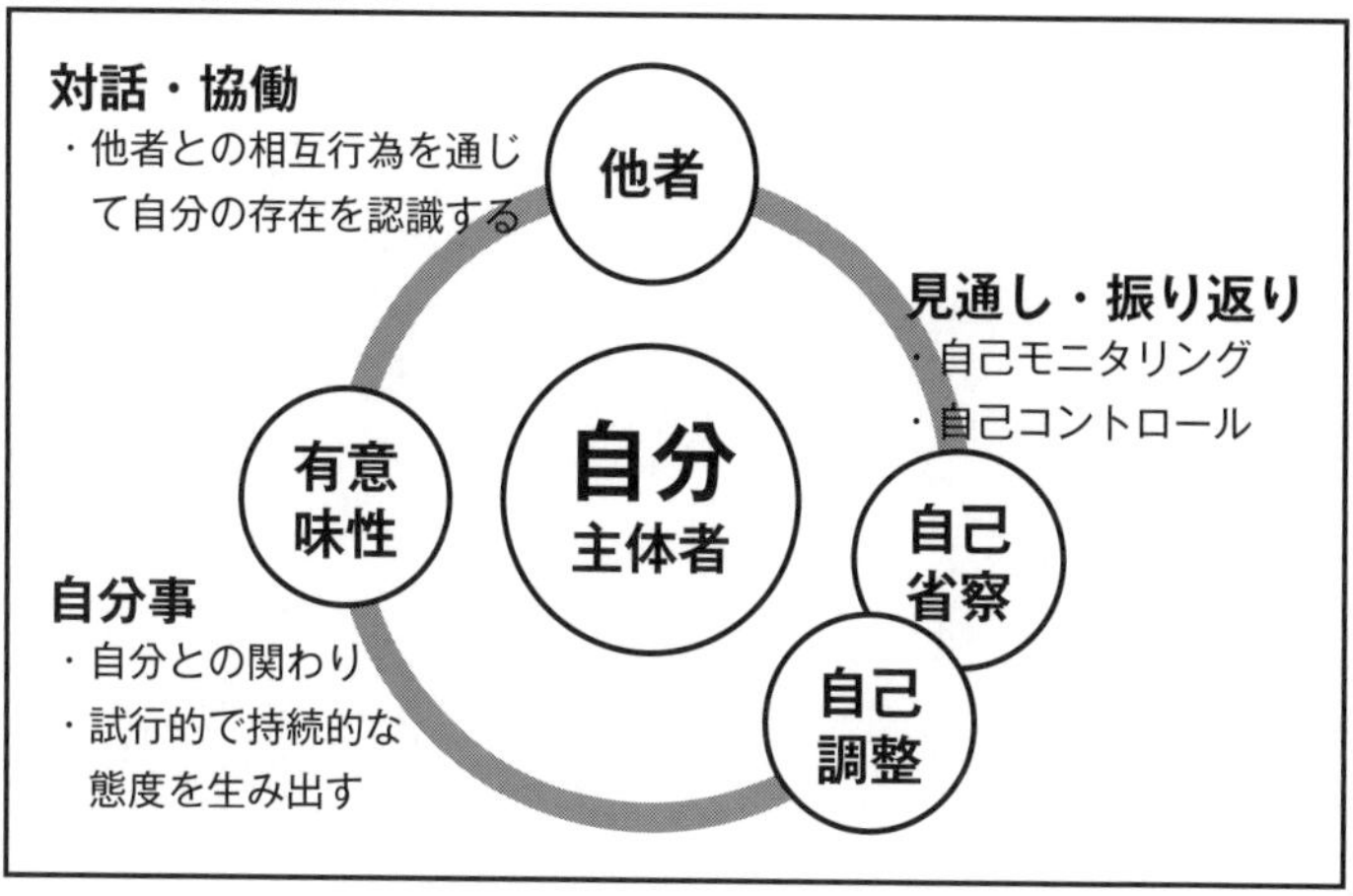

「自立的」は他からの支配や援助を受けずに、自分の力で行うこと。

「自律的」は他からの支配や規制を脱して、自分の立てた規範に従って行動すること。

「自主的」は他からの保護や干渉を受けずに独立して行うこと。

これらに対して「主体的」は、「認識や行為の主体者である自分を感じ、自分の立場において、感じ、考え、行動すること」を意味します。

「主体的」の核心は、学びの主《ぬし》であり、学びの主語となる「自分」です。「主体的」は、人間の相互行為を可能にする様々な前提の一つですが、相互行為を通じてしか自分の存在を認識することができません（**資料5**）。したがって「主体的な学び」は「対話的・協働的な学び」と一体的であることが大切なのです。

主体的な一人一人が対話・協働するのですから、学びは必然的に多様性が尊重されることになります。考え方や感じ方が違う主体的な他者が対話・協働することによって学びが深まります。

「いろいろな子供がいるので面白い学級としてまとまっている」
「考え方や感じ方が違うので、想定外の発想も生まれる」
「いろいろな意見を乗り越えたからこそ本気で取り組んでいる」等々。

能動的な学び手（アクティブラーナー）の育ちを目指す「主体的・対話的で深い学び」の実現にはこうした発想が求められます。

「揃える授業観」をもっていたとすれば、それをいったん手放して、「主体的・対話的な学び」を具現する授業の概念とイメージを再認識したいところです。より本質的な「不揃いの授業観」が生まれるかもしれません。

人間は自分にとって意味がない（無意味）と感じられることを長期間続けることはできません。それを続けるには相当の義務感や責任感、そして忍耐が必要になります。一方、「有意味性」は試行的で持続的な態度を生み出します。「主体的な学び」を「自分ごとの学び」と呼ぶことができます。

(2) 「見通し」について

学びは課題や内容を「自分ごと」として意識して学び、「自分ごと」として感じ取ること—「自覚的な学び」と呼ぶことができます—が肝心です。

学んだことは学びの主体者である自分自身に帰着して、学びが定着し、学びを実感し、成長を実感し、次につながります。学んだことは学ぶ者が納得・了解して生きて働く力になります。こうした学びを効果的にするのが「見通し」や「振り返り」です。

「主体的な学びの視点」に位置付く「見通し」を「予想」とする傾向がありますが、それは考え直してみる必要がありそうです。

『答えは○○になりそうだ』は予想です。「主体的な学びの視点」としての「見通し」は、『できる可能性があるのか、ないのか』『できるかもしれない』『できそうだ』などの「自分の達成可能性や期待に関する〝主観的予測[注⑮]〟」のことです。『できる』『できるかもしれ

[注⑮]—期待とは「ある出来事がどの程度起こりそうかということに関する主観的な予測」を指す—鹿毛雅治著『学習意欲の理論』金子書房、2013年、67頁

ない』と思うからこそ、めあての達成に向かうのであって、〝達成可能性がない〟―自分にはとても無理だ―と感じればそこに向かう気持ちにはなれません。可能性や期待の有無や程度は一人一人違いますが、それは学びへの動機付けとして効果的に機能します。

授業で使われる見通しには、「めあて」の達成可能性や期待を前提にして、「結果の見通し」「手順の見通し」「方法の見通し」「時間の見通し」などがあります。さらに「見通しをもって粘り強く取り組む」ためには、これに加えて、『自分は関係することができるだろうか』という「自己関与の見通し」や『自分はやり続けることができるだろうか』という「自己効力の見通し」も必要です。

『自分はどうか（自分事）』を意識させることが「主体的な学び」の動機付けとして重要なのです。「結果はどうなりそうですか」だけでなく、「できそうですか」と問い掛けることが必要です。

「見通し」では、本時のめあてが達成できた姿（ゴールイメージ、ルーブリック注⑯）を教師と子供が共に考え、明確にし、合意を図り、共有し、めあて達成の可能性や期待の自覚を促して、粘り強く取り組む意欲を高めることができます。

【めあて】重なりのある長さの求め方を考えよう。

【見通し】教師「―求め方を考えて―ゴールはどのようになるといいですか？」

子供「図や式を使って求め方が説明できるといいです」（めあて達成の姿）

教師「できそうですか？」（めあて達成の可能性や期待感を問う）

子供「前の時間にやったことを使えばできると思います」（可能性を自覚する）

達成可能性や期待は個人の過去の経験に規定されます。全く経験のないことには達成可能性や期待は生まれにくいのです。『そうだ、あのやり方でやればできそうだ』『あの問題ができたのだからこれもできるはずだ』というように、自らの経験とそれに対する能動的な解釈が影響します。

「できそうですか？」という教師の問い掛けに対して、『あのやり方でやれば…』や『あれができたのだから…』という反応はごく自然に出てくるのではないでしょうか。主体

［注⑯］ルーブリック：パフォーマンス等の定性的な評価に向くとされ、教える側（評価者）と学習者（批評価者）の認識の共有、複数の評価者による評価の標準化等のメリットがある。何を学習するかを示す「めあて」と「めあて」が実現している姿を示す。

的な学びの実現に機能する「見通し」は、「対話的・協働的な学び（学び合い）」に移行する前の「自己省察（モニタリング）」なのです。

(3)「振り返り」について

「振り返り」は目新しい教育用語ではありません。現在もいくつかの文脈で使われています。

例えば、導入段階での「前の時間は何をしましたか。振り返りましょう」は、「復習（おさらい）」という意味の振り返りでしょう。また、終末段階での「黒板を見て、今日学んだことを振り返ってまとめましょう」は、学んだことを「整理・確認」するという意味の振り返りです。このように日常的に使われているだけに、「主体的な学びの視点」における振り返りの概念とイメージを具体的にしておく必要があります。

「授業スタンダード」の1単位時間の最終末に位置付く「振り返り」は、一人一人が自分自身の学びを捉え直し、学びを有意味化・自覚化する思考活動（リフレクティブ・シンキング〈内省・省察〉）です。そのルーツを〝デューイ[注⑰]の反省的思考〟や〝ショーン[注⑱]の省察〟に求めることができます。

ＯＥＣＤ（経済協力開発機構）は、主要な資質・能力（キー・コンピテンシー）を３つの枠組み[注⑲]で示していますが、その中心にあるのが「思慮深く考える力（省察性）」、すなわち「リフレクション能力」です。

子供の―リフレクションを意味する―振り返りは、大抵の場合「自己省察（モニタリング）」と「努力調整（コントロール）」で成り立っています。

今日もグループで「１・２、１・２・３」といって声がけをすることができたので、自分の頭の中にリズムが入って、チームの人もそうだけど、自分もリズムよく助走ができたので良かったです。今日は今までの記録より２㎝伸ばせたので、コツを忘れずにもっと記録を伸ばしたいと思います。[注⑳]

［注⑰］ジョン・デューイ（JohnDewey、1859-1952）アメリカ合衆国の哲学者、経験の大切さを説き、反省的思を重視した。
［注⑱］ドナルド・アラン・ショーン（DonaldAlanSchön、1930-1997）アメリカ合衆国の哲学者、反省的実践の概念を提唱した。
［注⑲］キー・コンピテンシーの３つのカテゴリー：１　社会・文化的、技術的ツールを相互作用的に活用する能力、２　多様な社会グループにおける人間関係形成能力、３　自律的に能動する能力
［注⑳］鈴木正人教諭「体育　走り高跳び」新宿区立落合第四小学校６年

振り返りの主語は学びの主体者である〝わたし（自分）〟です。「…ができたので良かったです」は自己省察、「もっと…したいと思います」は努力調整を意味します。この子供は自分の学びを捉え直して、次につなげようとしていることがわかります。

最初は友達の意見を聞いても（自分の考えは）変わらないと思っていたけど、授業をしたら（自分の考えが）変わったのでびっくりしました。あと、みんなのちがう意見も知ることができてよかったです。

食べ物の大切さと同時に、人の考えを聞くことの大切さも分かった。人の意見を否定するのではなく、尊重し合った方が自分のためにもなることが分かった。[注21]

自分自身の学びをよく省察し、この時間の学びが自分にとって有意味であったことを実感しています。得られた気付きは、これからの自分の学びに生かされると思われます。

授業は振り返りによって、印象深い学びとなり、心に残り、成長のターニングポイントになることが期待できます。学んだこととの定着や学びに向かう力を高めるには、学んだことをまとめる―整理・確認する―だけでなく、学びが自分にとってどのような意味や価値があったかを自覚させることが重要です。

リフレクションを意味する振り返りは「メタ認知思考活動」です。現在進行中の自分の思考や行動そのものを対象化して認識する、高次の自己省察と自己調整の力です。

今回、せりふを間違えてしまいました。何回練習しても間違えてしまうことはある、ということが再認識できました。マイク無しでも大きい声を出せて満足です。今度、北部保育園でやると思うので、ミスなくやって村に残っている民話を伝えて、子供たちを笑顔にしていきたいです[注㉒]

人間、間違えることはよくあります。推察すれば、生徒は『人間はだれでも間違うことはある』と承知していたとしても、間違うことを恐れていたのかもしれません。それが『何回練習しても間違うことはある』と再認識したことで、安堵し、勇気と自信をも

［注㉑］浅見詩織教諭「国語　一番大事なものは」群馬県榛東村立南小学校6年
［注㉒］内山志保「学級総合　民話の伝承活動で榛東村の伝統を守る」群馬県榛東村立榛東中学校1年

ったのではないかと思われます。

先に「私はこのようなことをよく考えないで解いてしまうことが多いので、それを無くすことを頑張っていきたいと思います」と振り返った生徒の例を紹介しました。自分の学びを振り返ることで、自分の考え方の傾向や行動パターンを自覚し、弱みを克服し、強みを伸ばし、自分が大事にしていることや価値観への気付きが得られます。振り返りに表れる自己省察と自己調整は文脈でつながっています。

振り返りの指導に当たっては、箇条書きにさせたり、断片的に観点を示したりするのではなく、学びや育ちの総体として、文脈のある文章で書くようにするのが適切です。

学校の4月、入学間もない子供の振り返りに関するエピソード。

児「私ね、フラフープが回せるようになったの」
教「すごいね。回して見せて」
児「―フラフープを回して見せて―幼稚園でもやったけどできなかったの。ユミちゃんやるのを見ててね、やってみたらできたの」
教「そうなの！　すごいじゃない」

児「今度はね、足でも回せるようになりたいの」

この子供の「できた今」は「できなかった過去」から引き継がれています。さらに「できた今」は、もっとできるようになりたい「直近の未来」に引き継がれていきます。これは、能動的な学習者である、この子供の学びと育ちの物語（ナラティブ）です。

文脈のある振り返りは、具体的な出来事の間をつないで筋道を立てる言語形式で、それを通じて意味を生み出します。この知見は、言語表現の背景にある個々の子供の意欲・意志、感情、いきさつなどを推察し、解釈して、一人一人の子供を理解することに役立ちます。

「入学当初の子供は振り返りができる」という事実に着目すべきでしょう。子供の発話行為に教師が適切に介入することによって、断片的な事柄を文脈にすることができます。

鹿毛はコンピテンスを〝生得的能力〟[注㉓]だと述べています。振り返りは人間が生まれつきもっている諸能力の一つだというわけです。

［注㉓］鹿毛雅治著『モチベーションの心理学』中央公論新社、2022年、41～42頁

行為中や行為の後に「あのね…」「ぼくね…」「今度はね…」などと語りかけてくる幼児の姿に一層の関心を向けることが望まれます。振り返りは、学びと育ちに影響するだけでなく、振り返る能力（リフレクティブ・シンキング）自体も発達します。

振り返りは、低学年からの積み重ねで、楽しかった、よく分かった、だけでなく、○○をもっと知りたい、○○と○○は似ていた、など興味関心が高まったり、２年生でも学習したことと学習したことを結び付けたりするようになった。注㉔

振り返りは生得的能力の一つであり、その質や量は振り返る行為の積み重ねによって高まると考えられます。

はじめは、出来事を振り返るだけだったのに、やがて、自分と他者や環境との関係や自分自身について振り返るようになって、新たな気付きも生まれます。

『回数を重ねるごとに文章が長く、内容も深くなっている』

『たくさん書こうとする子供が増えた』等々。

振り返りを実施している教師からは、これに類する声をたくさん聞くことができます。

例外なく、振り返りを書く時の子供は黙ってじっと考え（沈思黙考）ます。授業が終わる前の数分間、教室は文字を書く音しか聞こえない、という静寂な空気に包まれます。そこは「自己内対話」の世界です。

自分の中には「自分自身」と「もう一人の自分（自分の心）」が存在します。問いをもった自分が、もう一人の自分に問いかけて、行為したことについて、自分にとってもつ意味や価値を自分で見付け出します。言葉を声に出さず、言葉は自分の思考などのための道具（内言：ないげん）[注㉕]として使われます。

本時のまとめが終わった〝たった今〟一人一人が自分自身の学びに思いを巡らし、学びを捉え直し、味わい直します。すなわち、自分自身ともう一人の自分との対話です。その世界に没頭・熱中できる子供は幸せです。できない子供は気の毒です。教師は、子供の沈思黙考を妨げないように留意しつつ、個別具体的に関わらなければなりません。同じ授業でも受け止め方はそれぞれに違います。視点が異なれば受け止め方や見え方

［注㉔］注⑫に同じ

［注㉕］内言（ないげん）とは、声に出さずに自己の思考などのための道具として用いられる言葉、外言（がいげん）とは、声に出して他者との情報伝達やコミュニケーションのための道具として用いられる言葉を指す。

が違うのは自然の理《ことわり》です。「今日の授業は―あなたにとって―どうでしたか。振り返りをしましょう」という教師の問い掛け―教師は観点を示さない―の下での「振り返り」を分析すると、子供が次のような観点のどれかで振り返っていることがわかります。

●理解の状況の自己診断＝とてもよくわかった
●取組の姿勢や態度の自己診断＝最後まで頑張れた
●学びの過程の自己診断＝はじめはわからなかったけれど…
●満足感や充実感の味わい直し＝時間が短く感じた
●次の学びへの期待、思いや願い＝もっとやりたくなった　等

振り返りは、教師が観点を示すのではなく、それぞれの子供が自分自身で観点を立てて熟考する時間であるべきです。教師は何もしない、という意味ではありません。教師は観点をもつべきですが、観点は子供に示して書かせるためではなく、子供の振り返りを見取るための観点とするべきです。

振り返りをさせるに当たって「振り返りましょう」の指示だけでは、無責任、丸投げ、

何を書いてよいかわからない、といった声が主流のようです。そうであれば、それをいったん手放して、概念とイメージを再構築されることをお勧めします。

よかったこと、わかったこと、感じたこと、などの観点が示されたために、かえって思考が固まり柔軟さを失い、伸び広がらず、かえって書けなくなるという状況も起こることを承知しておきたいものです。

「今日の授業は―あなたにとって―どうでしたか。振り返りをしましょう」と問い掛けるのは、有意味性を問う、という意図からです。

「まとめが終わりましたね。さあ、自分と向き合って」や「自分の心と向き合いましょう」と問い掛けを工夫している教師もいます。振り返り（リフレクション）が意味する「省察―自分自身を見直して考えをめぐらすこと―」を問い掛けに反映させたのでしょう。

「ぼくは・わたしは、から書きはじめましょう」と指示する事例もあります。学びを「自分ごと」にすることを意図したのでしょう。「主体的な学びの視点」に立つ学びは「1人称」の世界なのです。

主体的な学習者は常に自分を感じながら学んでいます。学びは、どこまでも自分自身の中に成立して完結します。認知と情動を融合させた実感のある学びの実現には、授業終了の数分間のリフレクションを意味する「振り返り」は省略することのできない活動です。

(4)「対話的・協働的な学び（学び合い）」について

学び合う授業での子供たちはよく他者と関わります。お互いの考えに耳を傾け合い、考えを確かめ合って、確かなものにしたり広げたり深めたりします。こうした授業では諸々のことがよく「可視化」されています。

はじめの個人的な考えが、相互の関わり合いを通して、吟味され、再構築されながら、次第に質の高いみんなの考えに仕立て上がっていきます。それが可視化を通して具現する「納得の共有化（深い学び）」です。納得が共有されると一気に実践に向かうようになります。

「対話的な学び」は「協働的な学び」と一体です。その意味で「対話的・協働的な学び」を「学び合い」と言い表すことができます。

一人一人がターニングポイントを見つけて、発表し、話し合った結果はとても楽しく、より深くこの時代を考えることができた。違う人の意見の中には、一つの出来事がいろんなところに結びついていたりするという意見があり、自分の意見に合わせると面白く、自然と納得いく結果で楽しかったです。[注㉖]

生徒の振り返りからキーワードを取り出します。

「一人一人がターニングポイントを見つける」「発表し、話し合う」「違う人の意見を自分の意見に合わせる」「自然と納得いく結果になる」「楽しく、面白く」に着目できます。

考察すれば、対話的な学びと協働的な学びが一体となって、深い学びを創りだしていることがわかります。お互いの考えや意見を知ることに留まるのではなく、その先の創造的な行為にまで至っています。それは生徒が言うように、本来、楽しく、面白いのです。こうした有意味性が実感できる学びを通して、高次の能動的な学習者が育ちます。

対話はコミュニケーションの手法の一つです。他者と言葉で伝え合う「言語コミュニケーション」、表情、動作、身振りなど身体で伝え合う「非言語コミュニケーション」、

［注㉖］宮下麻梨絵教諭（現：高崎市立北部小学校）「社会　日本の戦争突入のターニングポイントを考えよう」群馬県榛東村立榛東中学校3年

相手に伝えることを意識しない、ひとりごと、つぶやきなどの「個人内コミュニケーション」があります。

「対話的・協働的な学び（学び合い）」では、発言だけでなく、身体の振る舞い、表情、ひとりごとやつぶやきなどにも目を向ける必要があります。「手を挙げなさい」「間違ってもいいんですよ」などと発言を促すだけでは真正の「対話的・協働的な学び（学び合い）」の実現は難しいのではないでしょうか。

対話は会話や話し合いとは意味が異なります。会話には「会話を楽しむ」ということがありますが、対話には相互作用、交流、やり取りなどの意味（インタラクション）があり、お互いの考えを出し合って考えの共有や合意形成を目的とします。それぞれの考えが異なる、という前提に立って、お互いを尊重し合い、話し合うことで理解や認識を新たにしたり深めたりしていくのが対話です。

対話的な学びでは「なるほど（納得）」「そうそう（共感）」「あれあれ（驚き）」という子供の姿を観察することができます。

「話し合う学級づくりができていないので学び合いは難しいです」という声を聞くことがあります。一理ありますが、考え直してみるとよいと思います。

資料6　対話的・協働的な学び

他者とのやりとりを通じて、思いや情報、考えなどを共有し、相互理解や認識を深めたり、合意を形成したり、共に実践したりする営みや過程

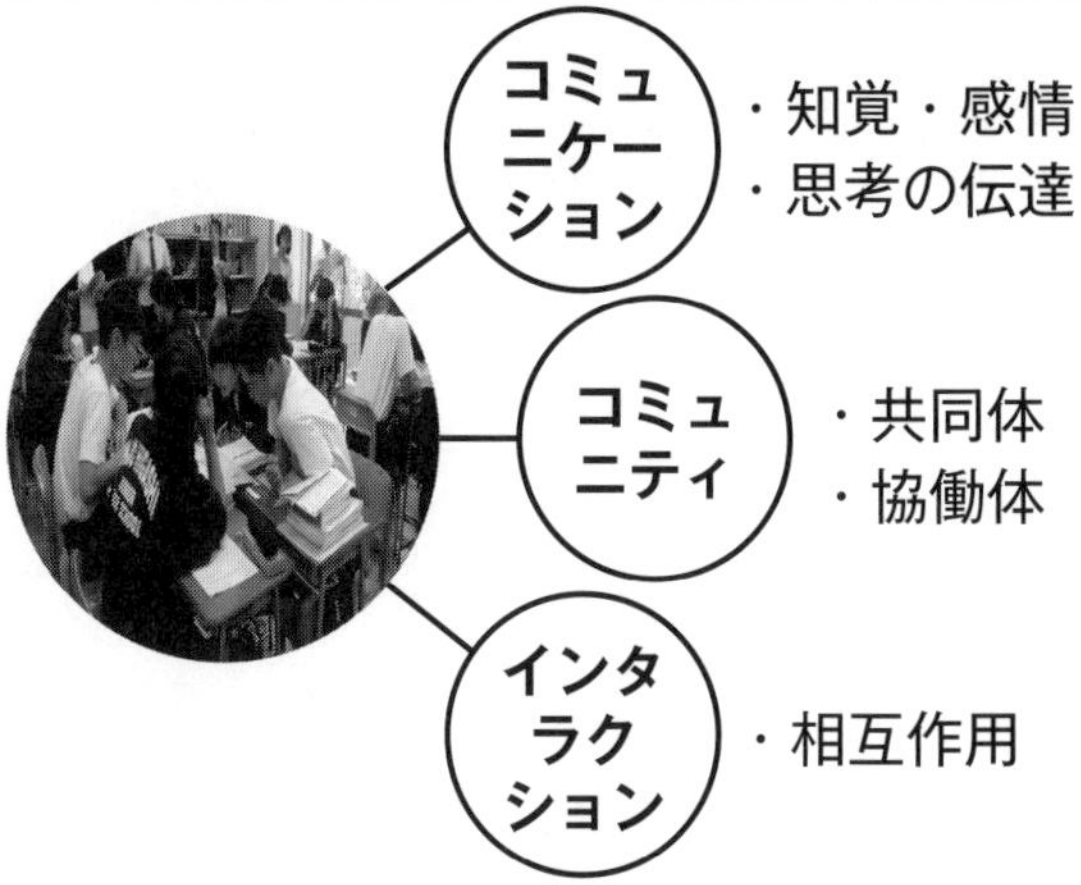

「対話的・協働的な学び（学び合い）」を通して、「学びの協働体」である学級コミュニティが形成されます。「話し合う学級づくり」と「対話的・協働的な学び（学び合い）」の実現は双方向の関係です。学級づくりができるまで待つのではなく、「対話的・協働的な学び（学び合い）」の実現に向けて取り組みながら、学びの協働体としての学級づくりを進めるのが良策です（資料6）。

〈可視化〉

知識や経験をいろいろな方法で扱う知的・創造的な行為を「思考」と呼ぶことができます。思考（考え）は内面に起こることで、そのままでは外部からは見えに

資料7

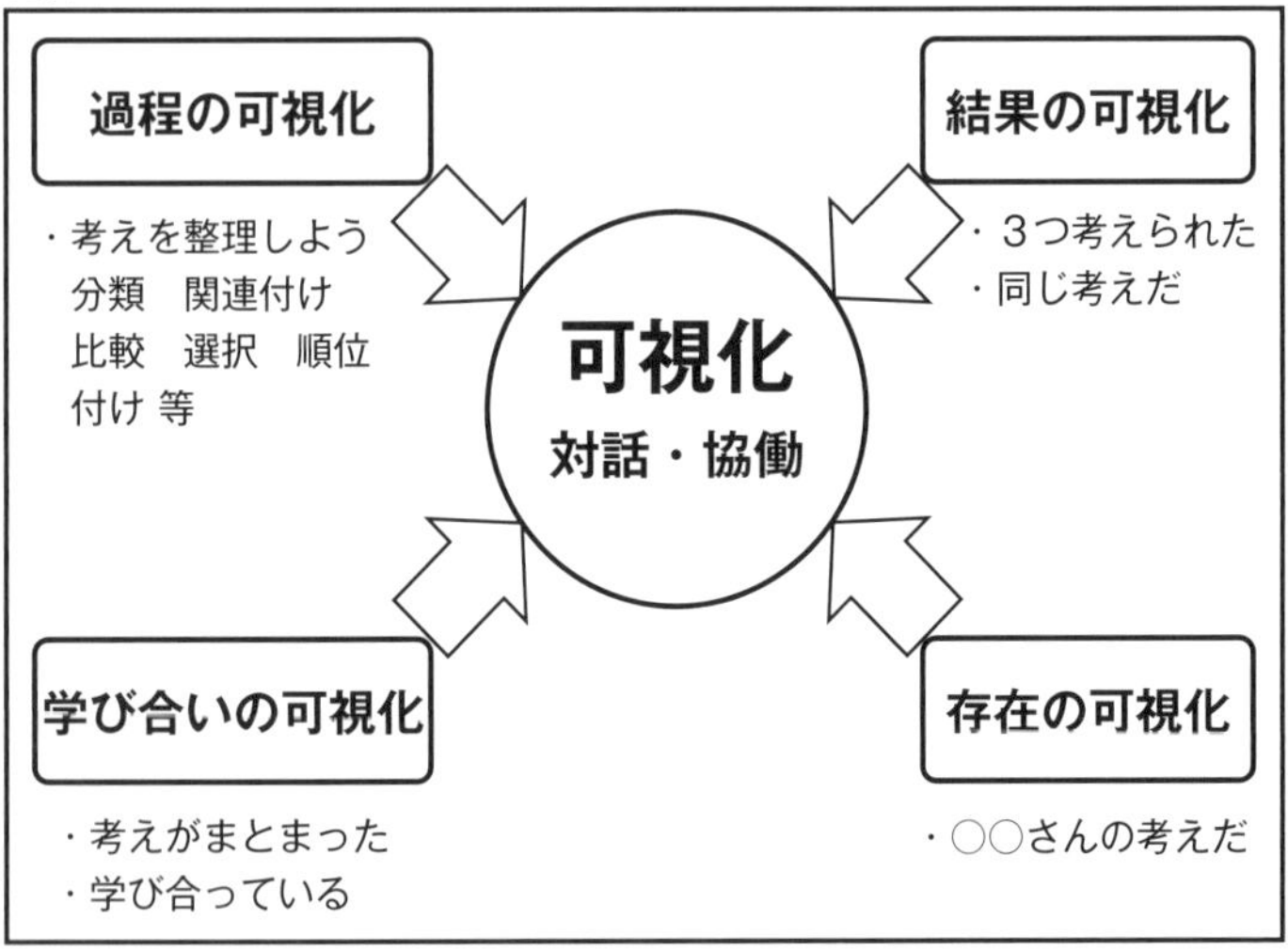

くいものです。何を、いくつ、どのように考えたのか、ということは「外化（可視化）」されてよく見えてきます（資料7）。これまでの授業では伝統的な外化の手法として、発問して発言を促してきました。

しかし、発言の苦手な子供や発言しない子供はいます。また活発に発言する学級であっても、発言できる子供の数にはおのずと限界があって全員発言というわけにはいきません。「対話的・協働的な学び（学び合い）」の授業の要諦は「学び合いの可視化」です。「学び合う」ということは、新しい考えを知る、考えが広がる、考えが深まる、考えが整理される、考えがつながる、考えがまとまる、考えのよさがわかる等のことで、動きや過程や結果に現れます。それを見えるようにすることによって『自分たちは確かに学び合っている』と実感します。学び合っていることが見えるようにすることを「学び合いの可視化」と言い表すことができると思います。

学び合いにおいてまず実現すべきことは、学び合う一人一人の「存在の可視化」です。「これは〝○○さん〟の考えだ」「〝△△さんは〟こんな考え方をしたのか」など、学び合うメンバーの一人一人の存在が見えるようにします。

「存在の可視化」の眼目は傍観者や置いてきぼりを出さないことです。限られた時間でもメンバー全員が参加できる手立てや方法を考えていかなければなりません。それは、例えば付箋、カード、シール、ボード等々。伝統的で簡便なツールの活用を一工夫することで可能になります。

その際、例えば、枚数や字数などは一律に決めないようにします。付箋やカードを使った場合では、『書けない』『○枚は無理』という子供はいるでしょう。そうした子供が、学び合う中で考えが浮かんだり友達の考えに納得したりすることがあって、授業の途中で『気が付いた。書こう』という行為が起こり、『書けた』というのは喜びのある学びです。一人一人の違いを尊重することによって「存在の可視化」が実現します。

目に見える形で自分自身の学びを自覚できるようにすることを「結果の可視化」と呼ぶことにします。

学び合う者にとって、自分はいくつ考えたか、何を考えたか、友達はどうか、ということは気になることです。学び合う中で、「〇〇さんいくつ考えた？　わたし3つだよ」などの子供同士の問い掛けは自然に出てくることです。それを満たすのが、自分自身の学びを自覚する「結果の可視化」です。

「一枚に一事項を書く」という最小限の約束の下では、書いた付箋やカードの枚数が考えた数になります。バラバラだったカードが机上でいくつかに分類されたのを見て『まとまったね。すっきりしたね』とつぶやくのは、「結果の可視化」によって、さらに学び合いが可視化された効果です。

「対話的・協働的な学び（学び合い）」の本当の楽しさや面白さは思考の過程にあるのではないでしょうか。それを目の当たりにするのが「過程の可視化」です。

例えば、各自が自分の考えをカードに書き出し、それを互いに見合いながらメンバーのみんなで意見を交わし、共通の言葉を選んでまとめる、という思考の過程が行為の動きとなって目の前で展開するようにします。これを通して、結果もさることながら、過程そのものに意味や価値があったことに気付き、学び合うことの楽しさや面白さを実感することができます。

新たな考えが生まれる、考えがまとまる、考えが深まる、という過程をありありと目にする学びの経験を重ねて、自らの意思で能動的に学ぼうとする学習者が育ちます。「考える」ということは「分類する、比較する、選択する、関連付ける、順位付ける、まとめる」などのプロセスを伴う行為のことです。

黒上等[注㉗]が開発している「思考スキル―思考の結果を導くための具体的な手順についての知識とその運用技法、と定義しています―」の活用は「過程の可視化」に役立てることができます。今、盛んに活用法の工夫が進んでいるＩＣＴも効果的です。

「対話的・協働的な学び（学び合い）」の実現には、例えば、黒板、ボード、カード・付箋、思考ツール、ＩＣＴ等々、伝統的なものや新規開発されたものなどの様々なツール（道具、教具等）や技法があります。活用にあたっては、「何のために（目的・意図）」「何を、何で（ツールの種類）」「どのように（活用法、留意点）」「予期の効果」の観点から考える必要があります。

［注㉗］黒上晴夫、小島亜華里、泰山裕「シンキングツール～考えることを教えたい～」ＮＰＯ法人、学習創造フォーラム http://ks-lab.net/haruo/thinking_tool/for_print.pdf

活用するツールは目的とよく合っていなければ予期の効果は得られません。

児童の思考をホワイトボードで「見える化」した。「見える化」したもので学び合うことにより、他者の考えに気付き、自分の考えを広げることができた。また、交流の過程でできたメタ教材—交流して考えをまとめたホワイトボード—を使って、さらにみんなの考えを広げたり深めたりすることができた。黒板に貼った際に、もう一度説明をしたり読み上げたりしないことに留意して指導した。注㉘

この実践は道理に合って優れています。

●ホワイトボードを選択した効果
●思考を「見える化」した「学び合い」の効果
●学び合った結果を新たな教材（メタ教材）にした効果
●留意点の効果

これらをイメージしながら読み取ることができるのではないでしょうか。「ホワイトボードを黒板に貼る」という行為は「発表する」ことを意味します。子供たちはホワイトボードが貼られるのを見ながら『あれ、どうして』『やっぱりね』などとつぶやいたりするでしょう。既に発表をよく見ているということです。

ホワイトボードを黒板に貼り、さらに一つ一つ説明をさせていけば、タイムオーバーとなって「まとめ」や「振り返り」まで行き着きません。「もう一度説明をしたり読み上げたりしない」に留意したのは理に適っています。

つぶやいたりしている子供の様子をよく観察して「気付いたことがありそうですね。どんなことですか」「説明してほしいところがありますか」などと問い掛けたいものです。小さなことですが、子供の能動性を引き出し、能動的な活動を実現し、それによって能動性を一層高めていく、という子供への上質な関わり方です。

このような小さな事からも授業改善・改革は進みます。〝小事細心大事大胆〟ですね。

付箋を活用した学び合いの可視化をしてみましょう。[注㉙]

［注㉘］埼玉県本庄市立中央小学校報告書
［注㉙］初掲、拙著『学びの美学』東洋館出版社、2016年、39、40頁

①各自、名前を記した付箋に自分の考えを書きます。―1枚に1事項とします―

②各自、書いた数を確認します。―自分は3枚書けた、5枚書いた…などの声が自然に出るでしょう―

③付箋を机上に出します。―ここからが集団の学び合いです。机上の付箋を見ながらグループで話し合います。「同じ考えの人がいる！」「そんなに書けたの！」「わたしはこれだけしか書けなかった」等の発言やつぶやきが自然に出てきます―

④机上の付箋を見て話し合いながら新たに思い付いたことは新しい付箋に書きます。取り下げたい付箋があれば除きます。―増やすことは考えが広がることで大切で、減ることは考えが絞られることで、これも大切です―

⑤話合いを終了して、改めて付箋の枚数と増減を確認します。―残った付箋に書いてあることは自分の確信のある考えになります。増減を確認することによって、個人内での考えが広がった・深まった・絞られた、などを実感することができます―

⑥次に、「同じ考えがある」などの発言やつぶやきをきっかけにして類別化、関連付けなどします。

⑦考えをまとめてタイトル（表題、見出し）やキャプション（簡潔な説明文）などを付けてグルー

プのまとめをします。
⑧各グループのまとめを一堂に提示して全員で見合います。―一堂に提示することで、おのずと比較、関連などがはじまります。提示された各グループのまとめは二次教材となり、さらに学びが深まります―
⑨全体のまとめをした後、振り返りを書いて授業が終わります。

付箋の動きなど、学び合いの過程で目にする実際が、思考のまとまりや深まりや広がりそのものであり、それを目にすることで自信や意欲と結び付きます。よい結果を得ることはもちろんですが、学び合う活動の行為や過程そのものに意味や価値があることも学びます。

『仲間の意見を聞いて考えが深まったり新しい観点からの気付きをしたりすることができた。「この活動が学び」なのだと思った』

『他の人の意見を聞き、考え、自分の考えを言って伝え合うことをした。「それだけでも実りの多い時間」だった』

このような自己省察は能動的な学習者にとって、質の高い学びが何であるかを物語っています。

(5) 概念の再構築—固着観念をいったん手放す—

〈グループ学習〉

「対話的・協働的な学び（学び合い）」はたいていグループで行われます。少人数の方が対話・協働の充実度が高い、と考えるのは理に適って当然のことでしょう。

ですが、そこに〝盲点〟があるのです。

「グループ学習」という言い表し方は学習形態（かたち）を意味しているのであって、学習の質を言っているわけではありません。グループの形態をとったとしても、グループのリーダーが意見を書き出し、リーダーがまとめるというような、一人に頼ってしまってチームの学びにならない、ことが起きているかもしれません。

「形」と「中身」の間では、往往にして〝ずれ〟が生まれます。ずれたままで学習を進めるのは、形だけがあって、実質的な意味や価値をもたないことで形骸化です。「傍観者」や「置いてきぼり」を出してしまいます。

「対話的・協働的な学び（学び合い）」はすなわちグループ学習」という固着観念に支配されているとすれば、これをいったん手放し、概念とイメージを再構築する必要があります。

例えば、「存在の可視化」「過程の可視化」を工夫し、シンキングツールなどの技法を取り入れて学び合うようにしてはどうでしょう。形骸化を防ぐことができると思います。

〈学び合い、話し合い、聴き合い〉

「対話的・協働的な学び（学び合い）」やグループ学習は、たいてい「話し合い活動」と表現されて活動が繰り広げられています。「学び合いはすなわち話し合い」という認識が定着しているのかもしれません。しかし、質の高い学び合いが行われている場面を観察していると、むしろ真剣な「聴き合い」になっていることに気付きます。

学び合いが成立しているグループでは〝つぶやきやささやき〟が頻繁に出てきます。教室にはよい〝ざわめき〟が広がります。

- 確かに（承認、認め合い）
- なるほど（納得、認め合い）
- そうそう（共感、認め合い）
- そうなんだ（驚き、認め合い）

これらの〝つぶやきやささやき〟は外言と内言の中間の言語で、他者に伝えるためでもなく、発言を聞き直覚して自然に出てきます。「やっぱりね」「だったらさあ…」「それなら…」など、他者の発言を〝受けて返す言葉〟もよく出てきます。それらに伴って、表情や身体の動きもよく変化します。よく聴き合っているのは明らかです。この事実は、質の高い学び合いは話し合いというより、「聴き合い」だということを物語っています。「学び合いはすなわち話し合い」という認識が定着しているとしたら、それをいったん手放して、学び合いの概念とイメージを再構築してみることが大切かもしれません。学び合いのさせ方や言葉かけや子供への関わり方が変わるのではないでしょうか。

〈直列型と並列型〉

一般に、「個人での学び」や「グループでの学び合い」の後には「学級全体での学び合い」が続きます。この活動では、個人やグループで学んだ結果を一つ一つ提示していくやり方と、複数を同時に提示していくやり方の二通りになっているようです。

前者を「直列型」、後者を「並列型」と言い表すことにします（資料8）。よく見ることできる光景ですから、イメージできるのではないでしょうか。

「直列型」はまず、指名されたAが、ボードなどを使って考えを提示し、説明し、みん

資料8　学び合いの進め方：直列型・並列型

・直列型（一つ一つ発表し、説明し、指導する）
・教師主導の授業　・発問と挙手　・整然とした授業
・知識・理解

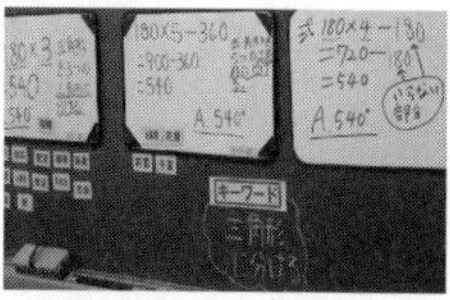

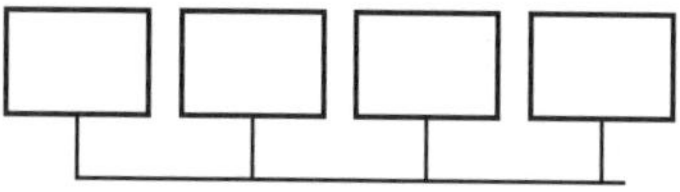

・並列型（同時に発表し、比較、関連、などして学び合う）
・子供主体の授業　・対話　・ざわめく授業
・資質・能力　比較　関連付け　類別

なの発言が求められ、指導・助言があって終わります。次に、「ほかにありますか？」の問い掛けでBの考え、さらにCの考え…というように続きます。学び合いは、発問、挙手、指名、発言が主体で、秩序正しく整然と進みます。

一方、「並列型」はA、B、C、…複数の考えが同時に提示されます。複数の考え方が一度に視野に入って共通点や相違点が気になるのでしょう。おのずとささやきやつぶやきが起こります。思わず感嘆の声があがることもあります。当然、教室はざわめきます。

学び合いは、子供の気付きをきっかけにはじまることもあれば、「―教師は気付きがあることを承知した上で―気付いたことがありますか？」の問い掛けではじまることもあります。子供同士のやりとりが主体で、教師にはファシリテーターの役割が求められます。

断定的な言い方になりますが、また、誤解を恐れずに言いますが、「直列型」は教師が指導して理解に導こうとする意図が反映され、「並列型」は子供を主体にして、思考、判断などの資質・能力を発揮させながら理解に導こうとする意図が反映されているようです。

この課題は二者択一でないのは言うまでもありません。無意識なのか、それとも習慣なのか定かではありませんが、もし一方の型に固定しているようであれば、授業観を問い直し、授業のねらいに即して改善する必要がありそうです。


〈学びを深める二次教材〉


学び合いなのに「発表や交流」で終わってしまって「深い学び」になっていかないことがあります。なぜ、そういうことが起こるのでしょうか。能動的な学び手（アクティブラーナー）は、発表や交流の〝その先〟を求めている、ということに意識がいっていないのかもしれません。

板書を例にして考えてみましょう。

教師は子供の発言を聞き取り、聞き分けながら黒板に発言内容の事実を簡潔に記録します。さらに発言を促して記録を重ねます。ここで終止すれば、板書は「発表・発言の記録」ということになるでしょう。さらに発言を促して、関連する事実を「矢印でつなぐ、同様の事実を囲む、印を付ける、色チョークで強調する」などする。こうなれば板書は「交流の記録」ということになるでしょう。

対話・協働して学びを深めるのは、ここが「出発点」です。ここから真正の学び合いがはじまります。

板書されたことを基にして、そこに記された物事の意味を解き明かして説明する―すなわち解釈する―ようにします。板書の記録はランクを上げた「深い学び」を実現するための教材（学習材）となります。これを「二次教材」と言い表すことにします。記録とは、後で活用する必要から事実を書き記す、という意味ですから、板書された記録は二次教材として活用して〝本来の使命を果たす〟ことになります。

板書は伝統的で、―常に教室に設置してあって―簡便で、複数の仕様が可能で、効果的で、共有性の高い、優れたツールです。板書は、構成力、技量、アイディア、美的センス、等の要素が機能的に関連する構造体です。これを記録で終止させたのでは〝宝のもち腐れ〟になってしまうでしょう。

板書に限りません。協働して作成したボード、イメージマップ、マトリックス、各種チャート等々、これを二次教材（学習材）にして、その先に待ち構えている学び合いを実現させたいものです。能動的な学び手（アクティブラーナー）はこれを歓迎するはずです。

＊

この時代のこの時勢において授業を改善・改革するということは、パラダイムを転換しなければならないほどの〝大事〟ですが、同時に、足元の〝小事〟の改善・改革でもあることを痛感します。固着観念をいったん手放して概念を再構築することが求められる一方で、等閑になっていることごとに目を向けることが求められていると感じます。

授業の改善・改革は、この時代のこの時勢だから、ということもありますが、日々の不断の営みであることを再認識します。

「学びの時代」に向かって

時代は変わり、時勢は流動し、それによって人の生き方も教育の在り方も変わります。

文部科学省は令和5年8月31日、全国24校ある「不登校特例校」の名称を改めて「学びの多様化学校」としました。―混乱を避けるため、当面の間は「学びの多様化学校（いわゆる不登校特例校）」と併記するようです。―

そして、不登校児童生徒を対象とする特別の教育課程を編成して実施する学校（学びの多様化学校）を、令和9年度までに全都道府県・指定都市への設置、将来的には分教室型も含め全国で300校の設置を目指すとしています。その背景には、不登校児童生徒は10年連続増加していて、令和4年度の小・中・高等学校の不登校児童生徒数は約36万人に達している、という憂慮すべき状況があります。

また、「誰一人取り残されない学びの保障に向けた不登校対策（COCOLOプラン）」の実施。「学校に登校する」という結果のみを目標にするのではなく、児童・生徒が自らの進路を主体的に捉えて、社会的に自立することを目指す必要がある、という教育の基本的な考え方などがあります。その趣旨は「登校させることが目標ではない。学びを止めないようにすることだ」と読み取ることができます。

「学びの多様化学校」は、特別の教育課程を編成して実施する学校ではあるものの、「特例校」の名称を廃した意義はとても大きいと思います。「最早、不登校は『特例』ではありません。『当たり前』のこととなりました。これからの当たり前とは〝学びの多様化〟です」という声がするのです。

従前には特例だったことが当たり前になる、というのは「令和の文明開化」と言うべき一大事変でしょう。時代や時勢を考えると、「学びの多様化」はこれからの教育の新しい観点・発想による基本的な考え方になるのではないかと思うのです。

社会の動向と教育

これからの教育はどこに向かうのでしょうか。どこに向かえばよいのでしょうか。それを地球規模の社会の動向が指し示しています。次のような視点が挙げられます(資料9)。

〈持続可能な開発のための教育:ESD(Education for Sustainable Development)〉

「持続可能な開発のための教育」と訳されているESD(Education for Sustainable Development)の視点です。現代社会の問題を自らの問題として主体的に捉え、人類が将来にわたって恵み豊かな生活を確保できるよう、身近なところから取り組む「持続可能

資料9　今の社会、これからの社会：現在進行形

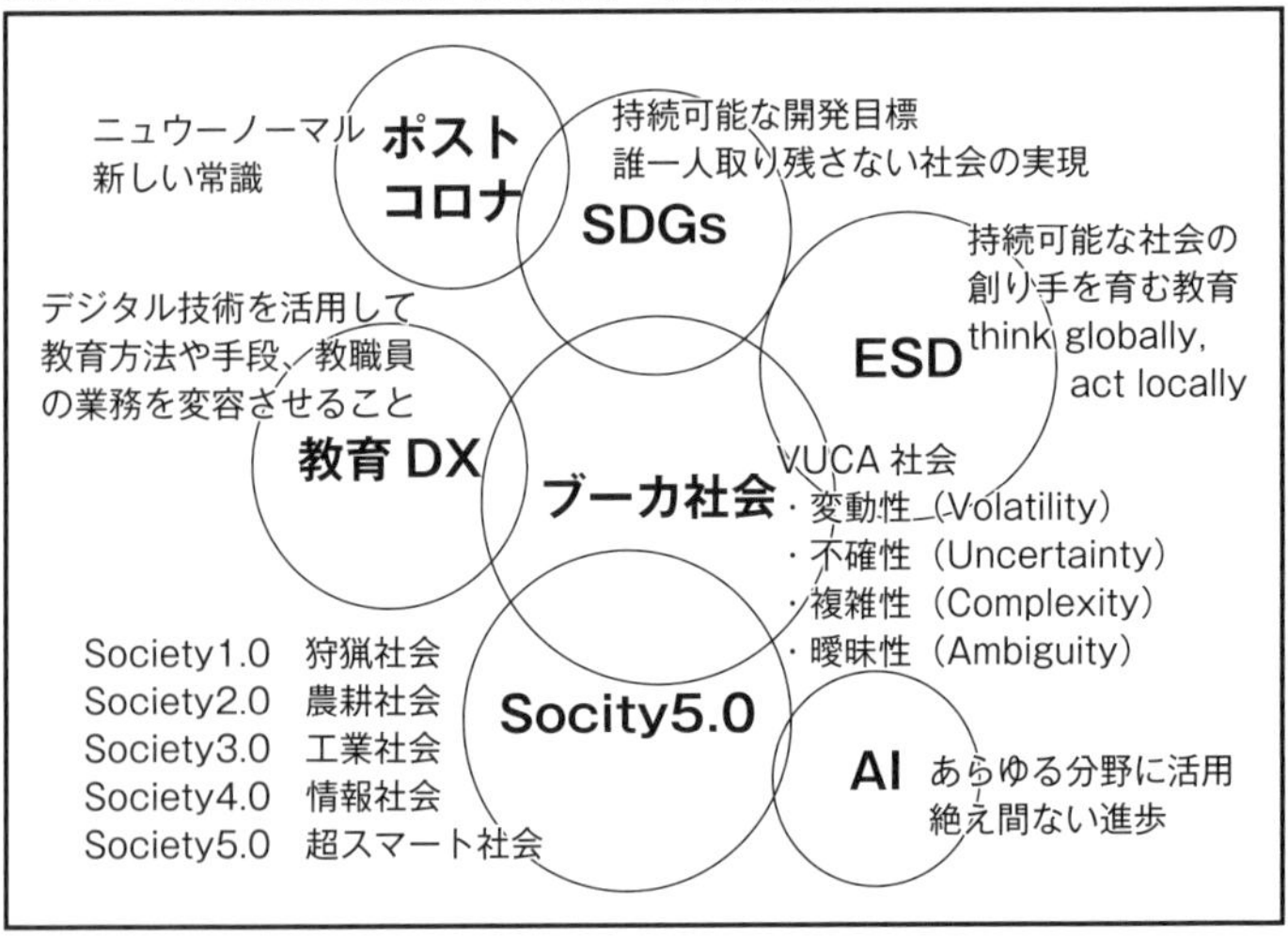

な社会の創り手を育む教育」です。

この教育のポイントは「視野は広く、実践は足元から（think globally, act locally）」でしょう。偏狭に陥らないふるさと学習、生活科や総合的な学習の時間、探究的な学び、などの実践意義が高まります。

〈持続可能な開発目標：SDGs（Sustainable Development Goals）〉

そしてESDと関係の深い「SDGs：持続可能な開発目標（Sustainable Development Goals）の視点です。

SDGsは、すべての人々にとってよりよい、より持続可能な未来を築くための取組です。貧困や不平等、気候変動、環境劣化、繁栄、平和と公正など、私たちが直面するグローバルな諸課題の解決を目指して、２０３０年を期限とする包括的な17の目標及び１６９のターゲットにより構成されています。

〈教育ＤＸ（Digital Transformation）〉

教育において最新のデジタルテクノロジーを活用することで、教育手法や手段、教職員の業務などを改善・改革する教育ＤＸ（Digital Transformation）の視点があります。

一人一台の情報端末が整備されて教育ＤＸが進んでいます。ＧＩＧＡスクール構想によるＩＣＴ教育の推進、対面授業とリモート授業による教育のハイブリット化、デジタル教科書やデジタル教材による学習の効率化等、教育のあらゆる面で変革が急速に進んでいます。

〈超スマート社会（Society5.0）〉

そして、来るべき超スマート社会（Society5.0）への視点です。超スマート社会（Society5.0）とは、先端技術をあらゆる分野に取り入れて、すべての人々に便利で豊かな暮らしを提供する社会のことです。

現実社会は、狩猟社会（Society1.0）、農耕社会（Society2.0）、工業社会（Society3.0）、情報社会（Society4.0）を経て〝超スマート社会（Society5.0）〟へと変革しつつあります。これには能動的な対応が求められています。

スマートとは、洗練された、賢い、すばやい、などの意味です。今や日常生活に定着し、生活に欠かせないスマートフォンは、通信、ネット、文書作成、記録や再生、日程管理、証明等々、超多機能な機器となっていて、必要な人が、必要な物やサービスを、必要な時に、必要なだけ、利用できます。スマートフォンでこのとおりですから、超スマート社会（Society5.0）の世界は想像を超えています。

２０１８年６月、Society5.0 に向けた人材育成に係る大臣懇話会は「Society5.0 に向けた人材育成～社会が変わる、学びが変わる～」と題する報告書[注30]をまとめています。

教育的ＡＩ等の技術の発達を背景として、一斉一律の授業スタイルの限界から抜け出し、読解力等の基盤的学力を確実に習得させせつつ、個人の進度や能力、関心に応じた学びの場が可能となる。また、同一学年での学習に加えて、学習履歴や学習到達度、学習課題に応じた異年齢・異学年集団での協働学習も広げていくことができるだろう。さらに、学校の教室での学習のみならず、地域の様々な教育資源や社会関係資本を活用して、いつでも、どこでも学ぶことができるようになると予想される。

報告書は「Society5.0 における学校(「学び」の時代)が間もなく到来する」と結んでいます。Society5.0 時代を見据えて「学びの時代」の教育の実現に取り組んでいかなければなりません。

〈AI技術の発達〉

革新的な変革の中核が、AI技術の発達の視点です。AIの性能がどこまで向上するかについては様々な意見がありますが、少なくとも近い将来において、定型的業務や数値的に表現可能なある程度の知的業務は代替可能になると考えられています。

このような予測困難な社会の変化の中で豊かに生きるためには、あくまでも人間を中心として、一人一人が他者との関わりの中で、幸せや豊かさを追求できる社会が求められる、と考えられています。

人間らしく豊かに生きていくために必要な力とは何か、が問われなければなりません。現実世界と関わり合い、現実世界を意味あるものとして理解し、それを基に新たなもの

[注㉚]「Society5.0に向けた人材育成～社会が変わる、学びが変わる～」Society5.0に向けた人材育成に係る大臣懇話会 新たな時代を豊かに生きる力の育成に関する省内タスクホース、2018年6月

を生み出していくことは、ＡＩには代替えできない人間ならではの営みであり「人間の強み」でしょう。

〈ポストコロナ〉

社会の変化を見るときポストコロナの視点は等閑にできません。感染症が収束したポストコロナの社会は、パラダイムシフトが起こり、新たな世界、いわゆる「ニューノーマル（新しい常識）」が生まれます。

コロナ禍では、密閉・密集・密接の３つの密を避けることを余儀なくされ、学習方法や学校生活が大きく変わりました。また、一人一台の情報端末が整備されて対面授業とオンライン授業による教育のハイブリット化も経験したところです。

オンラインによる研究会・研修会が開催されるようになり、「育休中であっても参加できてよかった」「遠隔地なのであきらめていたのに参加できてよかった」などの声もありました。「不登校気味だった子供がコロナ禍では参加するようになり明るくなった」等の事実もあります。子供にとっては、時間の流れが緩やかになり、また規制が緩和されるなどして、改めて、学校が学びの場所になったと考えられます。

コロナ禍では従来認識されなかった課題、認識されながら解決や実現に至らなかった課題が明らかになりました。コロナ禍でこそ見えてきたことを一過性にすることなく、改革の好機と捉えることが賢明でしょう。

教育再生実行会議[注31]は、コロナ禍を機に改めて考えるべき課題を解決するためには「一人一人の多様な幸せであるとともに社会全体の幸せでもあるウェルビーイング（Well-being）の理念の実現を目指すことが重要である」との結論を出しています。また、ポストコロナ期における教育の在り方として、次の視点を示しています。

●学校は集う機能に特に存在意義があること。
●対面指導とオンライン教育の双方の良さを最大限に生かすこと。
●遠隔・オンライン教育の効果等について知見を蓄積していくこと。

〈ブーカ（VUCA）時代〉

「将来を予測するのが困難な状態が続く時代」のことをブーカ（VUCA）時代と呼んで

［注㉛］「ポストコロナ期における新たな学びの在り方について（第十二次提言）」教育再生実行会議、2021年6月

います。ブーカ（VUCA）とは変動性（Volatility）、不確実性（Uncertainty）、複雑性（Complexity）、曖昧性（Ambiguity）の4つの単語の頭文字をとった造語です。

感染症の世界的流行、大規模な自然災害、ITやAI技術の発達等、私たちを取り巻く環境は激烈な変化を起こしています。それは遠い世界のことではなく、現に経験し、実感する現在進行形の世界です。このような状態がいつまで続くのか、世界はどのようになっていくかは先行き不透明ですが、子供たちはこのような社会を生き抜いていくわけです。

これからも予測困難な状態が続き、変化し続けていくことを考えると、これまで以上に一人一人が主体的になり自律して行動していかなければならないでしょう。正解主義や同調圧力偏重から抜け出すことも必要です。ブーカ（VUCA）時代の視座から教育の在り方について考えることはとても重要だと思います（資料10）。

【変動性（Volatility）】 価値観や社会構造の変化、テクノロジーの進化などによって、私たちを取り巻く様々なことが大きく変化する状況を意味する。旧来の組織、制度、慣習、方法などに固執しない**【革新・刷新】**が求められる。

資料10　ブーカ（VUCA）社会と教育

変動性 Volatility	私たちを取り巻く様々なことが急速に変化している状況	**革新　刷新**
不確実性 Uncertainty	不確実な要素が多く、予測できない事が当然のように発生する状況	**資質・能力**
複雑性 Complexity	様々な要素が複雑に絡まりあっているため、単純な解決策を導き出すのが難しい状況	**対話・協働**
曖昧性 Ambiguity	様々な要素複雑に絡まり合い曖昧性に満ちた課題であるため断言できる絶対的な解決策がない状況	**最適解・納得解**

【不確実性（Uncertainty）】不確実な要素が多く、予測できないことが当然のように発生する状況を意味する。【未知の状況にも対応できる資質・能力】の育成が必要である。

【複雑性（Complexity）】様々な要素が複雑に絡まり合っているため、単純な解決策を導き出すのが難しい状況を意味する。【異なる他者との対話・協働】が求められる。

【曖昧性（Ambiguity）】様々な要素が複雑に絡まり合い曖昧性に満ちた課題であるため、断言できる絶対的な解決策がない状況を意味する。【最適解や納得解】が意味をもってくる。絶対解偏重を改めなければならない。

変化の激しい先行き不透明な時代においては、

正解を出す力というより、むしろ「〃問い〃を出せる力（〃問う〃力）」が着目されるようになるでしょう。『なぜだろう』という問いをもち、その答えにたどり着けば、『なるほど、そうか』という納得に至ります。賢い生活者は「問い（?）と納得（!）」を当たり前に連関させて生き生きと生活をしています。

問いをもつにしても、その問いを探究的に進めていくにしても、不可欠なことは子供たちを取り巻く人や社会、自然とのインタラクション（Interaction）―相互交換、相互作用、やりとり―が重要です。

アクションを起こし、リアクションを受け止め、さらなるアクションを起こす、というやり取りを通して学びが深まります。その過程では、関わり合う人、事物、現象に対しての感動が生まれるでしょう。

「What の感動」は、探究のパワーです。多くの人と関わることによって「やさしいな」「素敵な生き方をしているな」というような「Who への敬愛」が生まれます。それが夢や憧れとなり、探究のパワーになります。

インタラクション（Interaction）の学びでは、「How は自由」にする必要があります。その意図は―手放しにすることではなく―目的と方法、自分の能力やもち味に応じて、子供が

資料11

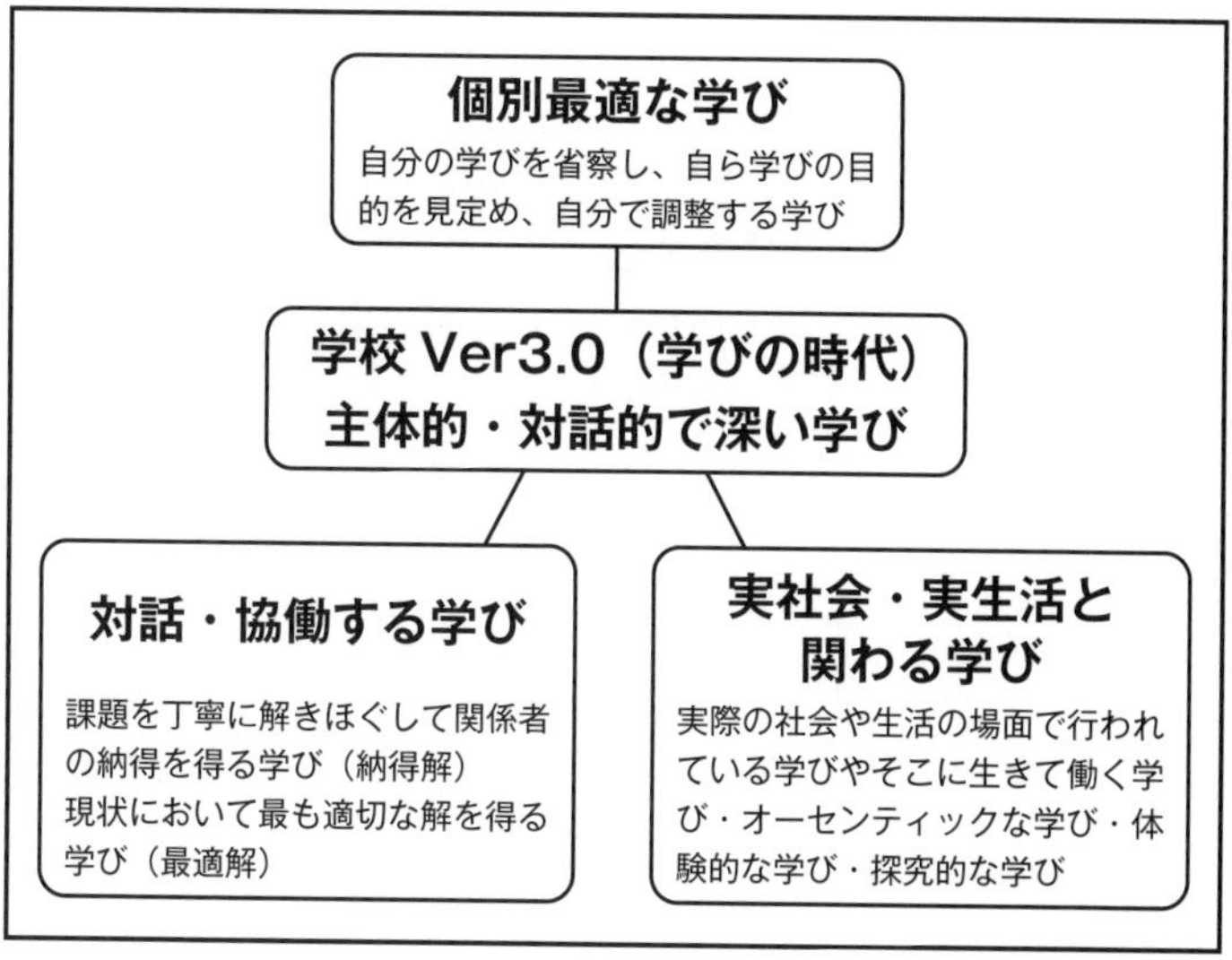
個別最適な学び
自分の学びを省察し、自ら学びの目的を見定め、自分で調整する学び
学校 Ver3.0（学びの時代）
主体的・対話的で深い学び
対話・協働する学び
課題を丁寧に解きほぐして関係者の納得を得る学び（納得解）
現状において最も適切な解を得る学び（最適解）
実社会・実生活と関わる学び
実際の社会や生活の場面で行われている学びやそこに生きて働く学び・オーセンティックな学び・体験的な学び・探究的な学び

自ら考え判断して、最適な方法を「選べる（選択できる）」ようにすることにあります。自明のことですが、教師には個に応じた適切な支援が求められます。変化の激しい先行き不透明な時代であるからこそ、こうした教育観に立った実践が創意工夫されるべきでしょう。

学校 Ver3.0（学びの時代）

Society4.0（情報時代）からSociety5.0（超情報時代）へと急速に劇的に変わろうとしています。今日の教育を俯瞰すると多様な学びが提唱されていることに気付きます（資料11）。

〈主体的・対話的で深い学び〉

提唱される多様な学びの中核に位置付くのが2014（平成29）年中央教育審議会答申（以下「答申」という）、2017（平成29）年告示の学習指導要領に示された〝主体的・対話的で深い学び〟です。現在、その実現に向けた授業改善が積極的に進められ予期の効果を上げています。具体的には次章以降で述べています。

〈個別最適な学びと協働的な学び〉

2027（令和3）年答申では、「個別最適な学びと協働的な学びの一体的な充実」が提言されました。

背景には、学校における基盤的なツールとなるICTを活用することで個々の子供の特性等にあった多様な方法で学習を進めることができる、今までにない方法で多様な人たちと協働しながら学習を行うことができる、などの可能性が高まったことがあります。同時に、AI技術が高度に発達するSociety5.0時代にこそ、様々な場面でリアルな体験を通じて学ぶことの重要さが一層高まることも指摘[注52]しています。

「個別最適な学び」は、「指導の個別化」と「学習の個性化」に整理されています。

「指導の個別化」は、教師が支援の必要な子供により重点的な指導を行うなどで効果的な指導を実現することや、子供一人一人の特性や学習進度、学習到達度等に応じ、指導方法・教材や学習時間の柔軟な提供・設定を行うことを意味します。

また「学習の個性化」は、教師が一人一人に応じた学習活動や学習課題に取り組む機会を提供することで、子供自身で学習が最適となるよう調整することを意味しています。

「個別最適な学び」の実効的実現には、一人一人の子供が自分の学びを省察し、自分の学習状況を自分自身で捉え、それに応じて子供自身が自己（努力）調整しながら進めていくようにすることが重要です。

自分は何ができるのか、何ができないのか、自分は何をしたいと思っているのか、何をする必要があるのか。こうしたことを子供自身が感じ、考え、努力していけるようにすることです。

自分の学びを省察し、自ら学びの目的を見定めて、自分自身で調整する学び。これが個別最適な学びの実現の基底です。具体的な手立てとして、リフレクション（自己省察）を意味する「振り返り」は欠かせないことです。

［注㉜］「学習指導要領の趣旨の実現に向けた個別最適な学びと協働的な学びの一体的充実に関する参考資料」文部科学省初等中等教育局教育課程課、2021年（令和3年3月版）

実現のイメージの一つとして「チャレンジ学習」のアイディアがあります。チャレンジには「問題にチャレンジ」と「自分の可能性にチャレンジ」の二つの意味をもたせます。

【例：読書活動】

①学年・学級の「めあて（標準）」を設定する。
②個人の「めあて（可能性の見通し）」を設定する。
教師は、対話を通して「めあての妥当性」を指導・助言する。
③実践する。
④実践を「振り返る（リフレクション）」。
⑤実現状況に基づいて今後のチャレンジを考える。
教師は、めあてのレベルの適否、本の選択、読書の仕方等について応談・指導・助言する。

このような「チャレンジ学習」では、取組状況を見取る視点が多様になり、その子供のよい点を指摘して意欲を高めることができます。例えば次のような視点は、基礎的な知識・技能を習得する活動にも適応できます。

①学級（標準）の目標を実現している。
②自己目標を実現している。
③学級目標を維持している。
④自己目標を維持している。
⑤学級または自己目標実現の進捗が速い。
⑥自己目標のレベルを上げている。

〈対話・協働する学び〉

「対話・協働する学び」は課題を丁寧に解きほぐして関係者の納得を得る学びです。

複雑性・曖昧性があり絶対解が求めにくい課題について、対話・協働して『なるほど、それいいね』『それでいきましょう』というようにみんなの納得を得て実践につなげます。また、『この考えはいいね』『でも、この考えもいいと思う』というように、複数の考えが出てきたときに、それらを比較しながら、置かれた状況に即した最適解を見付け出していく学びです。

物語の主題を考える、表現の意図に即した言葉を選ぶ、文章題の解法を考える、曲想を決める等々。すべての教科等で当面する学びでしょう。

〈実生活・実社会と関わる学び〉

「実生活・実社会と関わる学び」とは、実際の生活や社会の場面で行われているように学ぶ、実際の生活や社会の場面に生きて働くように学ぶ、ということです。これを「オーセンティックな学び（本物の学び・真正の学び）」と言っています。

このような学びを通して、学習内容を実生活や実社会と結び付けてリアルに深く理解したり、自分の学びが身近な地域や社会生活に影響を与えることができるという認識をもったりすることが期待できます。

地域社会の資源（人・物・金・知恵・技術・場・空間・自然・文化等）を活用し、「オーセンティックな学び」を実践することで、知識や知恵、豊かな感性、創造性、人間性、社会性を育んでいく必要があります。それは人間の強みを生かし、人間らしく幸せに豊かに生きていく力を育む教育実践戦略です。

総合的な学習の時間「フリーペーパーで人と人をつなげよう[注33]」の振り返り。

Kさん（フリーペーパーの編集者）の話を聞いたら、思ったことがあります。それはiisakaiの企画書をもとに本当にiisakaiを書くんだなということです。僕たちの書いたこのたった1枚の企画書が、僕たちの憧れていたiisakaiの雑誌にのってしまうということです。それに一文字でも間違えてしまえば印刷したけど最初からやり直しというのもびっくりしました。だって、一つの間違いごときで最初からやり直しだからです。

商業施設や工場に立地があるように「知」も立地します。私たちが直面する現実はそれぞれに固有で多様ですが、そこでの生き生きとした具体的な関わり合いを通して立ち上がる知・情・意こそが人間の生きる力になっていきます。現実社会と直接関わり合う体験的な学び、探究的な学びは、ますますその存在意義を増すでしょう。

述べてきたように様々な学びが提唱され、それぞれの学びが、それぞれに重要な意味や価値をもっています。既に「学びの多様化の時代」に入っている、というのが実感です。それゆえに、これらの学びを教育課程に編成・実施・改善する「カリキュラムデザイン」

［注㉝］川村恵以教諭・東京都武蔵野市立境南小学校5年

と「カリキュラムマネジメント」は疎かにできない課題です。

人間の強み（感性・知性・悟性）

ＡＩ技術が高度に発達するSociety5.0時代（超スマート社会）下における「学校Ver3.0（学びの時代）」の時代は、あくまでも「人間を中心」として、一人一人が他者との関わりの中で、「幸せ」や「豊かさ」を追求できる社会が求められる、と考えられています。

現実世界を理解する、状況に応じて意味付ける、倫理的に思考し行為する、ジレンマや想定外と向き合う、責任をもって遂行する、等の力はＡＩには代替えできない「人間の強み」でしょう。共通して求められるのは、文章や情報を正確に読み解き対話する力、科学的に思考・吟味・判断し活用する力、意味や価値を見付け出す感性や情緒、問いをもつ好奇心や探究心などが考えられます。

「感性、知性、悟性」は、人間の強みとして、また、人間存在の証として等閑にできない資質・能力でしょう。

「感性」は、外界からの刺激を直観的に印象として感じ取る感受性を意味します。外界からの刺激を受けて、人間がもっている感覚器官が機能して感覚や知覚、そして問いも生まれます。理由や理屈はともかくとして、まず『いいな』『面白いな』『きれいだな』と感じる状態のことです。子供が『いいな』と言う時、教師が『いいね』と共感、共鳴するかかわり方は大切です。

「知性」には、直覚―直接に感じ知ること―によって物事を認識し、判断し、思考して、新たな認識や新たな価値を生み出す、という働きがあります。体験的な学習、探究的な学習では、知性が働いて、感じたことを言葉にしたり、それを通して楽しさや面白さや幸福感や満足感を味わったり、また、活動のよさを実感したり、概念を具体化したり再構成したりする場面が多々あります。それは「人間の強み」です。

みゆうちゃんと　ぶらんこにのりました。たかくあがって　とてもこわかったです。
そのあと　ぶらんこからおりたら　手が　まがったままになってしまいました。とてもたのしかったです。そのあとは　せんせいとみゆうちゃんが　ぶらんこにのって
そのうしろから　わたしがおしてあげました。手が　まだ　ぶらんこのにおいがします。

小学校2年生の「振り返り」です。文面や行間に漂う人間味のある―子供らしい―温かな空気を感じて、こちらも幸せな気持ちになります。これは「人間の強み」です。

悟性は、物事を論理的・知的に思考する能力を意味します。「~は○○だ。だから~なのだ」というように文脈で表現される力、といえばわかりやすいと思います。

総合的な学習の時間に、人形師が人形に目を入れる瞬間を観て、「命は生き物にはあると思っていたけど、人が心を込めて作った物にもある。だから私は…」と言い表した子供がいました。これを通して、その仕事をするその人や、その人の仕事についての理解が深まり、それが自己の生き方につながります。こうして、人間は人間らしく豊かに生きていくことが何であるかを人や社会、自然と直接関わり合いながら学びます。

「感性、知性・悟性」を統合的に働かせることができるのも「人間の強み」です。三つの力が統合的に発現するには、その基盤に「能動性と主体性」の働きがあります。

感性は、高等な感覚器官による知覚能力なので、見ているのに見えていない、ということはよくあります。逆に、触ろうと思って触ってみたらありありと感触を感じた、飲もうと思って飲んでみたら格別の味がした、ということも日常よくあることだと思います。

触ろうと思って触るときの触り方、飲もうと思って飲んでみるときの飲み方、は意識して行為することで、飲み方も触り方も無意識の時のそれとは違ってきます。脳科学者の茂木は「本来的な学習というのは、能動的な学習しかありえない[注㉞]」と述べています。『してみよう』とする—能動的になる—と感覚器官にスイッチが入って敏感になるのでしょう。ものに感じたりものを考えたりするのは、人にやってもらうのではなく、自分自身でやることです。改めて、主体性・能動性を基軸にした教育の意義を強く感じるところです。

＊

本章の冒頭に「これからの教育はどこに向かうのでしょうか。どこに向かえばよいのでしょうか」と述べました。Society5.0 時代（超スマート社会）における「学校 Ver3.0（学びの時代）」の時代の「多様な学び」が求められる「文明開化」とも言うべき時代です。その進路は、あくまでも「人間中心の教育」にあることを思います。

（嶋野 道弘）

［注㉞］茂木健一郎著『ひらめき脳』新潮社、2006年、79頁

第2章

授業改革ターニングポイント

学校嫌い、教員嫌いだった私が教員になった理由

私はいつものように校舎内の廊下を歩きはじめます。中学3年生の様子、クラスの様子を見てまわるためです。令和4年3月10日、卒業式前日のことでした。

クラスの風景は本当にさまざまです。

一人の意見に対して違う意見をかぶせる生徒、感染症対策のためのシールド越し、タブレット端末を片手に、なかなか合意に至らない対話に夢中になる生徒たち。

生徒の話し声が中心です。ときおり先生の声も聞こえてきます。けっして騒いでいるわけではありません。生徒同士が闊達に意見を交わしているときに起こるワチャワチャしている感じです。この感じがたまりません。

この生徒たちを送り出した後、私は定年退職を迎えます。

〝この雰囲気ともあと少しでお別れか〞

そう思うと、感慨深いものがあります。

思い出されるのは、5年前の平成31年。榛東中学校に赴任したばかりのころです。

授業中、廊下を歩いていると、とても静かです。聞こえるのは先生方の説明する声です。生徒たちの声が聞こえてくることはありません。教室をのぞくと、どの生徒も前を向き、教員の話に耳を傾け、指示された問題を解き、行儀よく過ごしています。

教師の声だけが響く教室。

〝こうした風景を他校の先生方からはどんなふうに見えるのだろう〟

そんな考えが頭をよぎります。

「落ち着いた学校？」

「まじめな生徒たち？」

「先生方の指導がよく行き届いている？」

望ましい風景として受け止める方もいるでしょう。

しかし、私にはどうにも物足らない。

生徒の数は400名を超える学校です。いろいろな個性をもつ子供たちが集まっているはずなのに、授業を受ける姿はみな同じように見えます。教員の説明を真面目に聞きながら、いろいろなことを感じ考えているはずなのに…。

休み時間になると、打って変わって生徒たちの個性が表にあふれ出します。そんな様子を見て少しほっとした私は、彼らに声をかけます。その瞬間、彼らは、授業を受けていたときの表情に逆戻り。私の質問にも「はい」か「いいえ」でしか答えてくれません。

ちょっとした世間話であっても、相手が教師だとわかると自分の個性を引っ込めてしまうかのようです。

榛東中の生徒たちはみな素直です。進学した高校の先生方からも「しっかりあいさつができる生徒たちだ」と評判は高く、言われたことや決まりを守ろうとする態度も満点です。

先生方もまた、真面目な方ばかり。「少しでもわかりやすく教えるにはどうすればよいか」と教え方の工夫に腐心しています。

ひとたび授業がはじまれば、子供たちが深く学べるようにと発問し、生徒に考えを促します。すると、誰かしら教師の満足のいく答えを発言してくれるので、それを引き取って教師がまとめをして終わる授業です。そうした授業に先生方は満足げです。

しかし、私にはやはり物足りない。

そんなことを感じ考えながら校舎をまわっていると、他の教室とはずいぶんと様相の異なる教室を見付けました。

その教室では、生徒が4人程度のグループをつくって話し合っています。私はそのうちの一つのグループに近付き、どんなことを話題にしているのかと耳を傾けました。

「え、何を話し合うの？」

「よくわかんないけど、〇〇についてだと思うよ」

「意見だけでなく理由も考えるんだってよ」

「じゃあ何か意見を言ってよ」

生徒たちは、「自分たちが話し合うべきことは何か」もよくわからないまま、とにかく意見を出し合おうとしていました。

どうやら、「教師が何を意図しているのか」についても予想しなければならない話し合いのようです。

他のグループのことも気になって耳を傾けるのですが、およそどのグループも同じような調子です。しかも、思春期まっさかりの男女が、お互いを忖度したり、牽制し合ったり、黙りこくったりせずに、思い思いの意見を出し合っています。

その後、生徒たちはグループで話し合ったことを発表し、教師は生徒にまとめを書かせて授業は終了しました。

他の教室で見られた風景を思い浮かべれば、教師が教えるべきことを上手に教えられている授業とはいえません。生徒たちがその時間に学んだことの質や量も、他の教室に比べたらぱっとしないかもしれません。しかし、私はこの教室に可能性を感じました。「生徒同士、自分が考えたことを忌憚なく言い合えること」その先にこそ、生徒たちが本当に体験すべき学びがあるのではないか。この子たちのために、「授業改革に命を燃やさなければならない」と私は強く誓ったのです。

＊

榛東中の授業改革がスタートしたころ、所属職員の一人から「授業のことに、どうしてそんなに熱くなれるのですか」と問われたことがあります。

〝え、教員の仕事の中心は授業ではないの？〟

〝授業を通じて子供の力を伸ばすのではないの？〟

そう感じた私の脳裏には、かつて小学校に入学したばかりのころの自分の苦い思い出が蘇っていました。

「プリントに名前が書けた人は鉛筆をおいて待っていてね」

担任の先生のこの言葉に、当時の幼かった私がどれだけの衝撃を受けたことか…。

周りの同級生は、当たり前のように名前をひらがなで書いています。しかし、私は自分の名前が書けません。

私が当時、通っていた幼稚園の方針には、こんな言葉が掲げられていたそうです。

「ご家庭でも文字（ひらがな）を子供に教えてはいけません」

夢中になって遊ぶことを大切にする幼稚園でした。

幼稚園を卒園するのとほぼ同時に、父の仕事の関係で生まれ育った街を引っ越していた私は、（同級生とは異なり）だれからも文字を教わったことがなかったのです。

みんなと同じことができない。しかも周りは知らない子ばかり。入学してしばらくすると私は、すっかり学校嫌い、勉強嫌いの子供になっていました（友達はすぐにできた気がしますが、勉強はどうにもなりません）。

そんな私に最初の転機が訪れます。小学校3年生のときです。それは、「自由勉強ノート」（毎日の宿題）でした。「何でもいいから自分で勉強したいことをノートにまとめて提出する」というものでした。

私の家には父が購入した「徳川家康（山岡荘八著）」の全巻があって、当時の私は戦国時代の戦《いくさ》や武将にハマっていました。そこで毎日、戦国時代のことを自由勉強ノートに書き綴っていたのですが、これがもう楽しくて楽しくて。時間を忘れるくらい夢中になって取り組んでいました。

そうするうちに、勉強に対する自信がつき、お調子者だった私は授業中にも発言するようになります。するとあるとき、私に対する先生方の見る目が変わっていることに気付きました。（私の思い違いだったかもしれませんが）先生から声をかけられることが多くなったり、授業中に先生とよく目が合ったりするようになっていたからです。

しかし、いくら自信がついてきたとはいえ、私の学校嫌いは相変わらず。手のひらを返すように私の見る目が変わったように感じられたことで、今度はそこに先生嫌いが加わりました。〝学校の先生は勉強で人を判断する嫌な人たちだ〟と。

そんなふうに思っていた私に次の転機が訪れます。それが5年生になったときの学級担任・齋藤鈴子先生との出会いです。

忘れられないエピソードがあります。

保護者を対象にした学習参観日のことです。教室の中は満員の保護者で、緊張感があります。授業中、齋藤先生の質問にクラスの誰も答えられない場面がありました。

教室に沈黙が訪れます。すると、齋藤先生が声高にこう言い放ちます。

「よしひろくん！（私です）。いつもは手を挙げるのに、なんで今日は答えないの⁉」

私はびっくりして先生の顔を見上げました。

そんなことを言われたって、答えがわからなかったから手を挙げなかっただけです。それなのに、大勢の親のいる前で叱責するような口調で名指しされたのです。

恥ずかしさのあまり顔がみるみる紅潮するのを感じながら、わけのわからない答えを言い、同級生や保護者の失笑をかいました。

そうであるにもかかわらず、授業が終わると母は私を齋藤先生のところに連れていき、「齋藤先生にお礼を言いなさい」と言います。

私の頭のなかは「?」でいっぱいです。〝みんなの前で恥をかかされたんだよ。それなのに、なんで?〟と全く意味がわかりませんでした。

そのときは母の言うとおり、お礼を言ったものの、釈然としない出来事として記憶されました。

それからずいぶん経ってからのことです。私が将来の進路を考え出したころ、母がそのときのことを思い返して、こう言いました。

「あのとき、あなたが齋藤先生から大切にされている、何よりも息子の性格をわかったうえで、真剣に接してくれていることを知ってうれしかったんだよ」

それからしばらくして、私は自分が教員になることを決めます。

このエピソードがなぜ、私にとっての（自分の進路を決めるくらいの）転機になったのか腑に落ちない方もいることでしょう。もし現在の教育現場で同じようなことがあれば、（表面上のやりとりだけを取り沙汰されて）問題視されるだろうからです。そこは昭和的な価値観や美意識によるところも大きいと思うので、今であれば指導の仕方を現代版にアレンジする必要があるでしょう。

ただ、齋藤先生は本当に、一人一人の子供の成長を本気で考え、熱い想いをもって授業に臨む先生だったのです。そのことを母は感じ取ったからこそ、お礼を言うように促したのです（卒寿を迎えられた齋藤先生を囲み、還暦を過ぎた教え子たちが毎年同窓会を開いています。今でも、当時の授業のことが話題にのぼります）。

子供の学習状況は一人一人異なります。それをつかめないままであれば、どのような授業も子供の心には響かないでしょう。だからこそ、子供の多様な考えを認め、子ども自身が学ぶことの楽しさを味わえるようになってこそ、授業というものが、子供にとっても教師にとっても意味のあるものとなるはずです。

＊

授業改革は教員の意識改革

新任校長として赴任した学校で最初の試練となるのが、所属職員に学校経営方針を示すことです（新年度最初の職員会議がその場です）。しかし、当時の私には具体的な経営イメージをもっていませんでした。

赴任したばかりだからという理由で後回しにすることもできたのですが、もしそうすれば数日後に控えている入学式や始業式で話をする式辞を中身のないものにしてしまうのではないかと危惧されました。

それに、赴任したばかりの校長が最初の職員会議で何を言い出すのか、所属職員は（期待や不安を胸に）気にしています。まして、私は前年度まで榛東村教育委員会の事務局長を務めていたものだから、余計に身構えていたはずです。

〝だったら〟と私は開き直ることにしました。〝少年期には学校嫌い、教員嫌いだったこの私が、どんな思いをもっているのかを率直に伝える以外にない〟と。

職員会議は、思っていた以上に重い雰囲気のなかスタートしましたが、「教員が気持ちよく、明るく、前向きに働ける学校をつくりたい。そのために…」と説明をはじめたあたりから、先生方の表情が少し和らいだように感じられました。

ただ、学校経営の中核に据えるべき授業のあり方については、「大切にしたい」くらいにしか言えませんでした。先生方の授業の様子を観させてもらいながら、考えをまとめ、できる限り早いうちに説明するようにしますと伝えて、その場を終えました。

教員人生を豊かに歩むためには、次に挙げる事柄が必要だと私は考えています。

●生徒の可能性を信じて授業力を磨ける。
●教員としての自分の成長を実感できる。
●授業を通して子供や保護者、同僚からの信頼を得られる。

こうしたことを実現できる学校にしていくのが校長である私の使命であり、それを「教員が気持ちよく、明るく、前向きに働ける学校をつくりたい」という言葉に託したわけです。

そのためには学校が、先生方が楽しみながら授業研究に打ち込める環境となっている必要があります。ここで言う「楽しみながら」とは、「授業を通じて、子供たちの驚くべき成長を感じられる瞬間がある、学びに対するドキドキ感が教室全体にある、指導がうまくいかないことに対して悔しい思いを率直に感じられる、同僚と学び合い共感し合える」ことを指します。

校内の授業の様子をおよそ掴んだ5月、私は「本校は、授業改善ではなく、授業の本質に着眼して、授業の根本から新たに構築していく授業改革を行う」と宣言し、次のように説明しました。

4月から1か月あまり、本校の授業の様子を観させてもらいました。先生方が、わかりやすく教えるにはどうすればよいかを考え、毎日努力いただいていることに感謝いたします。生徒も真面目な態度で真剣に授業に臨んでいます。

その一方で、生徒の声が少なく、教員主導で生徒は受け身の授業が多いと感じました。「生徒たちが自ら挑戦する」「自主的に考えて行動する」「自分の考えや意見を表現する」といった場面にあまり出合えなかったことが理由です。

これらの場面を生み出すには、子供の力を信じ、引き出し、委ね、具体の行動を通して自信につなげていくことが欠かせません。

それには、教えてわかる、理解を深める「習得型の授業」だけでは限界があるのです。「協働的・対話的な学びを深める活用・探究型の授業」が必要です。しかしそのためには、越えなければならないハードルがたくさんあります。

以上のことから、本校で行われている授業を根本から見直し、子供たちが主体的に、多様な考えをもち、他者と対話しながら自分の考えを深め、学ぶ楽しさを自覚できる授業を目指して研究し、実践していきたいと考えます。

この営みをもって本校の「授業改革」としたいと思います。

教員の反応はさまざまでした。今までの授業だけではダメだと言われたわけですから、気分がよいはずがありません。

実際、その後の職員室では、次のような言葉がささやかれました。

「私は真剣に授業を行っているし、子供たちも真面目に授業を受けている」

「今のままで何が悪いんだ」

「お題目はいいが、何をすればいいのかわからない」

授業改革は、教員の意識改革と表裏です。しかし、教員に限らず、他者からの働きかけによって人は、自分の意識を変えようとはしません。まして、〝自分はちゃんとできている〟〝今のままで問題らしい問題も起きていない〟といった認識であれば、なおさらでしょう。

だからこそ、「校長がそう言うから」ではなく、「活用・探究型の授業はおもしろい」と思えることを通して、教員としての新たな資質・能力を自ら発見できるようにすることが必要なのです。そうでなければ、どのような高尚な考えも画餅に帰します。

実際、榛東中における授業改革は、順風満帆ではありませんでした。むしろ授業改革を進めれば進めるほどに、うまくいかない現実が立ち塞がってきます。

しかし、問題ばかりではありません。光明とも言うべき道筋がいくつか見えてきます。ターニングポイントとも言うべきものです。それを読者のみなさんに伝えたいと考えています。

それでは早速、榛東中における授業改革の軌跡について語っていきましょう。

教科の垣根を越えて授業を見合い語り合う

授業改革のスタート

中学校の教員は、自分の専門教科に対して自負心をもって日々授業に取り組んでいます。加えて「生徒の心を惹きつけて、生徒の力を伸ばす授業を行いたい」という願いをもっています。

こうした自負心や願いをエネルギー源として、中学校の教員はこれまで授業力に磨きを掛けてきました。その根底には、「教員である自分が先頭に立ち、いかに効率的・効果的に教えるか」という「授業観」があります。

以前のコンテンツベースの授業であれば、素晴らしいこと、このうえありません。しかし、現在の教育現場で求められているのはコンピテンシーベースの授業です。このパラダイムシフトに、今も多くの中学校教員が対応できていないのは、何も教員が怠けているわけではありません。その能力がないからでもありません。これまで真摯に習得型の授業力向上に邁進してきたからにほかなりません。

言うなれば、授業を活用・探究型にするということは、これまで重視してきた「授業観」

を手放し、新たな「学習観」を手に入れなければならないことを意味するのです。

これは、そうやすやすとできるものではありません。そうしたむずかしさを私は校長として先生方に求めたわけです。本校でいえば、「自分は真剣に授業を行っている。生徒も真面目に取り組んでいる（周囲からの評判もいい）」現状に対して、「本当に今のままでよいのか」と問うたわけです。

とはいえ、（前述したように）いくら校長が声を大にしたところで、先生方の意識を変えることはできません。そこでまず手を付けたのが、「専門教科を問わず、お互いの授業を見合い、積極的に意見を交換し合えるようにすること」でした。

私が着任する前の授業研究は、多くの学校で行われているように教科部単位でした。しかし、どの教科部の授業研究でも、授業観や指導観の違い、先輩教員への遠慮、教員としてのプライド意識などが邪魔をして、心の内に抱えている悩みを率直に相談したり、忌憚なく意見を交換したりできる場とはなっていませんでした。

そうした様子を目の当たりにした私は、次のように考えることにしました。

●教科部の垣根を取り払い、専門教科ではない他教科の授業を観る機会をつくれば、いろいろ

なタイプの教員が集う機会となるのではないか。

●専門教科の異なる教員からの素朴な疑問や意見によって、これまでにない多様な視点が生まれるのではないか。

●全教員が一堂に会する授業研究会（参観した授業に対する意見交換を行う場）にすることによって、先生方の対話が活性化する確度が高まるのではないか。

そこでまず、これまでにも年に2回行われていた指導主事による計画訪問（授業を公開して指導を受ける場）の機会を利用することにし、先生方には次の方針を示しました。

●教科担当を組み合わせた班を編成し、授業参観、授業研究会は、この班で行う。

（国語・美術班、英語・音楽・社会班、数学・技術・家庭班、理科・保健体育班）

●教員全員が参観する代表授業（特別の教科道徳）を行う。

指導主事訪問が近くなるにつれて、次のような声が大きくなっていきます。

「どうして他の教科の授業を観なければいけないのですか」

「教科にはそれぞれ特質があるのだから、専門教科以外の授業を観てもまともな意見が言えるわけがありません（協議にならない）」

「他の教員の授業を観に行っている間、自分の授業は自習にせざるを得ません。それでは生徒に申しわけない」

右に挙げた批判的な声は一例にすぎず、教科の垣根を取り払って授業を見合い語り合うことのハードルの高さを感じずにはいられませんでした。

だからといって、全員参加を諦めて「できる限り授業参観をしてほしい」などと希望制にしてしまえば、新たなチャレンジは早々に破綻します。それに、私からの依頼を快諾し、意を決して代表授業に挑戦してくれる教員にも申し訳がありません。

そこで私は、指導主事訪問の前日、全教員にこう伝えました。

明日より本校の授業改革が本格的にスタートします。研究授業が自分の専門教科であろうとなかろうとお互いに学び、授業力を高める機会にしましょう。代表授業を参観している間の自習については、私がすべてのクラスをまわるので、先生方は心配しないで大丈夫です。勇気をもって代表授業を引き受けてくれたA先生の決意とご苦労にみなさんで応えましょう。

当日、多くの教員が参観してくれたものの、慣れていなかったり自分の専門教科ではなかったりしたことから遠慮が先立ち、授業研究会では想像以上に意見が出ませんでした。ほかにも（うっかりしていたようですが…）「授業を参観できなかったので、意見が言えません」と発言する教員もいました。

こうしたことから、第1回目の授業研究会では、次の課題が明確になりました。

●教科の垣根を越えてお互いに授業を見合い、授業研究会の場で率直に意見が交わされるようになるには、年2回の指導主事訪問の機会を利用するだけでは実現するどころか不満や徒労感を助長するだけだ。この問題を解決するためには、先生方一人一人が、そうすることに意義を感じられるようにすることが必要であり、そのためには日ごろから授業を見合うことが当たり前の状態になっている必要がある。

そこで次の一手としたのが、校内組織に「授業改革委員会」を位置付け、「先生方が私の提案に対してどのような考えをもっているかを知り、一つ一つの課題をクリアしながら授業改革推進に賛同する先生方を増やしていく」ことでした。

授業改革委員会は、管理職、研修主任、進路指導主事、道徳教育推進教師で組織し、授業改革コーディネーター（教務主任兼務）を中心に据えることにしました。この授業改革コーディネーターは、委員会のメンバーと協働しながら、日ごろから教科を垣根を越えてお互いに授業を見合える雰囲気や習慣を校内につくる役割を担います。

授業改革委員会の主な取組は次の二つ。

●授業改革に関する具体策の協議をする。
●実際に授業を参観する。

後者については、授業改革コーディネーターがまず授業を提供してくれる教員を広く募ります。授業者が決まったら、参観できる授業の日時や内容を職員室の掲示板に貼ります（授業参観は自由参加とします）。

正直なところ、授業を提供してくれる教員がどれだけ現れるか、その授業にどれだけの教員が参加してくれるか不安に思う気持ちもありましたが杞憂でした。授業改革コーディネーターが上手に話を進めてくれたおかげですが、それだけが理由ではありません。

私自身、まるでうまくいかなかったと反省しきりだった第1回目の授業研究会でしたが、他教科の授業を観たり観せたりすることにおもしろさを感じていた教員が一定数いたのです（協議会の場では、自分の考えを口にできる雰囲気ではなかったというのが実情だったようです）。

結果、毎週のように、教科を問わず誰でも参観できる授業が行われるようになっていきました。

これが、本校における授業改革の小さな口火となります。

「今から参観授業に行ってきます」

「参観授業ありがとうございました」

「他教科の授業を観るのは意外におもしろい」

「来週はどの教科の授業だろう」

職員室でもこうした声が聞かれるようになります。

そうしているうちに、2回目の指導主事訪問を迎えます。

当日、協議会の場で、国語科のベテラン教員が口にした発言が、教科の垣根を越えて授業を見合うことへの校内の雰囲気をより確かなものにしてくれます。

今日の美術の授業では、作品を鑑賞して感じ取ったことを子供たちが率直に発言していました。加えて、ただ発言して終わりではなく、対話になっていました。これは子どもたちが相手意識をもって学び合う姿であると感じました。おかげで自分の国語の授業で今ひとつ物足りないと感じていたことが何だったのかわかったような気がします。

他教科の授業を観ることは、自分の授業の振り返りになりますね。

翌年度からは、年2回の指導主事訪問とは別に、3回の研究授業を加えることにしました。この研究授業の開催方法は固定的ではなく、教員の希望に応じて参加の仕方を選べるようにしました。

●自分の専門教科と関連性のある他教科の授業を観て一緒に協議する。

●教員ごとに参観を希望する教科を選択できるようにする　など。

また、研究授業以外にも、『学びの哲学』（嶋野道弘著、東洋館出版社、2018年）の輪読会を行うこともありました（毎週月曜日の勤務時間前に開催）。

さらに、「榛東中授業改革ガイドブック」を作成しました。これは、本校に赴任してきたばかりの教員が戸惑わないようにすることが目的です。

こうした取組を経て、段々と教科の垣根を越えて授業を見合うことが当たり前の状態になりつつありましたが、磨き合うまでには届きません。

言い換えれば、自分の専門教科の授業に役立ちそうなヒントやイメージを得るところまでは来ていたのですが、「榛東中として目指す（教科等を問わない）授業イメージの共有」には至っていなかったということです。これなくして、授業そのものが改革されることはありません。

次に紹介するのは、黎明期を支えてくれた当時の授業改革コーディネーターのコメントです。

■黎明期の授業改革コーディネーター

これまでの校内研修は、「誰かがやってね」という感じで一部の人任せで、組織的に取り組む風土はほとんどありませんでした。「学校全体で研修に取り組んで、自分の授業力の向上につなげたい」というのが、研修に関して自分が抱えていたジレンマです。ですから、青木校長の「授業改革を本気で進める」という方針には、大いに共感できました。そのようななか、「授業改革コーディネーター」に指名されました。

授業改革委員会で週1回の参観授業がはじまりました。毎週、参観授業以外にも、授業改革委員会が設定されているのは、正直つらい時もありました。しかし、自分の考えを整理するうえで有意義な時間でした。何よりも「みんな同じようなことを悩みながら授業に取り組んでいる」と実感でき、さらに前向きな気持ちになれました。

人が集まるかわからない状況ではじめた、月曜日の朝の輪読会も参加者が増えていきました。今となっては、このときみんなで読んだ『学びの哲学』は、自分にとって授業改革の教科書となりました。

畠中保忠（元・榛東中学校教諭、現・前橋市立元総社南小学校長）

同じ土俵で授業を見合い協議する「特別の教科 道徳」

次のステップは、榛東中における「目指す（教科を問わない）授業イメージ」の構築と共有です。そこで着目したのが、「特別の教科 道徳」です。

道徳の授業は、学級担任が受けもつことが多く、どの教員にとっても教員免許に基づく専門教科ではないことから負担感を覚える教員も少なくありません。そのため、負担軽減を目的としてローテーション道徳を取り入れている学校もあります。

しかし、発想を変えれば、専門教科を問わずどの教員も同じ土俵で、お互いの授業観や学習観を率直に語れるようになる可能性があります。しかも、道徳の授業は、生徒から引き出した考えに基づき、クラスメートとの対話を通して深めていくので、「いかに効率的・効果的に教えるか」が通用しません。

こうしたことを理由に、教員全員が一つの授業を参観し、授業研究会で協議する道徳の代表授業を行うことにしたわけです。

しかし、この試みも最初はつまずきます。

代表授業を行う当日、教室は満杯です。全教員が一堂に会しているのですから当然です。その異様な雰囲気に生徒は戸惑います。その様子を見て授業者もあせりはじめます。今度は、授業者のあせりを察知した生徒たちは、自分が考えたことではなく、授業者が期待していることを推測して発言します。授業者はその意見に飛びついてしまいます。授業者も生徒たちも、この1時間を何とかうまく乗り切ろうとします。結果、生徒の考えが深まるどころか、考えそのものがうわべをなぞるだけの授業になってしまっていました。

加えて、廊下で雑談している教員もいました。これは、先生方が教室の窓際など奥まで詰めて入らず、廊下側の扉付近に固まっていたことが原因です。加えて、副担任の教員の中には、「自分は道徳の授業を担当していない」「自習をしている教室が心配だ」という理由で、代表授業を参観せずに、（自主的に？）校内の見まわりをしていたことも後からわかりました。

つまり、「教員全員が一つの授業を参観する」時点で、すでに破綻してしまっていたわけです。これでは授業研究会の協議が活性化するはずありません。学習指導案（授業の計画案）を何度も練り直してくれた授業者には本当に申しわけない気持ちでいっぱいでした。

この失敗を通じて、次の課題が浮かび上がってきました。

●代表授業は、授業者、参観者、生徒三者それぞれにとって有益でなければ意味がない。

●副担任の教員も道徳の授業を行うようにする必要がある。

この課題解決のために授業改革委員会で協議し、次のように取り組んでいくことを先生方に示しました。

①代表授業については、学習指導案を基に教科を組み合わせた班で事前に協議する。

②道徳の時間は、全校で火曜日4校時に設定し（後に全校道徳と呼称）、担任だけではなく、学年の教員全員がローテーションを組んで授業を行う。

③平素の授業を通じて、多くの参観者がいる中でも生徒が自分の意見を言い合えるトレーニングを積む。

この取組が日常化するにつれて職員室からこんな声が聞こえてくるようになりました。

資料１　板書の様子

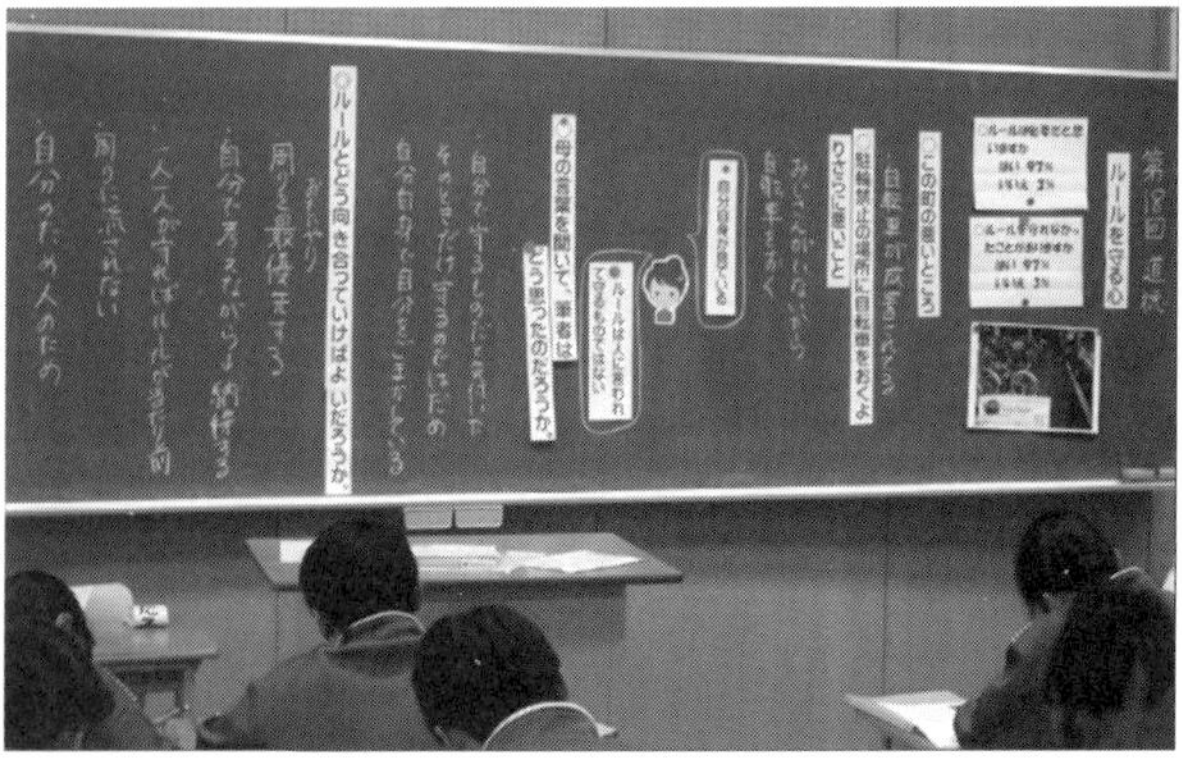

「ちゃんとやってみると道徳の授業って、案外おもしろいな」

「生活ノート（毎日の予定や日記を書く）に道徳の授業の感想があってうれしかったよ」

「先日、道徳の時間に学年集会をしましたが、ちゃんと振り替えてやりますので…」

こうした声の背後には、生徒の考えをつなぎながら授業を行うことのおもしろさへの気付きがあったのだろうと思います。

実際、ある日のこと、新任3年目の教員が行っていた道徳の授業を覗くと、生徒の意見を大切にしながら板書していました（**資料１**）。何よりも、黒板の右端に「第18回道徳」とあり、この教員の意気込みを感じました。

しかし、それはまだほんの一部。多くの道徳の授業は、型どおりの展開を流し込む授業で、物足らなさを感じていました。

授業研究5つの視点

（榛東中スタンダード）

授業改革に立ちはだかる壁

毎週の授業参観や道徳の代表授業だけで改革できるほど授業は甘くありません。教員一人一人がその重要性を認識し、活用・探究型の「授業観」「学習観」を獲得し、自ら授業をつくっていけるようになってはじめて、改革がなされたといえるからです。その壁は本当に高い。

この壁を乗り越えるには、継続的に根気よく教科の垣根を越えて授業を見合い、授業イメージを共有して磨き合っていくほかにないわけですが、ただ闇雲に取組を継続しているだけでは乗り越えられないだろうとも考えていました。

なかなか突破口を見いだせずにいたのですが、あるとき、「管理職に求められる授業の見方、指導の仕方」という特集が目に留まりました（月刊『教職研修』誌、2017年11月号、教育開発研究所）。

この特集では、東京都八王子市立弐分方小学校の実践が取り上げられており、授業観察・改善の視点を設定して授業に対するパラダイムシフトする（固定観念を変える）考え方と方法が掲載されていました。この記事を読み、〝授業をいくつかの視点に分けて先生方が考えられるようにすれば、本校の指針となる授業イメージの共有につながるかもしれない〟と考えた私は、次に挙げる「授業研究5つの視点」を作成しました。

■授業研究5つの視点（初期）

【視点1】子供たちは、授業のめあてを関心や期待、必要感をもって理解したか。

【視点2】子供たちは、見通しをもって活動に取り組もうとしているか。

【視点3】子供たちは、みんなで課題解決をしているか。

【視点4】子供たちは、めあてを達成したか。

【視点5】子供たちは、この時間の学びが自分にとって意味や価値があったと自覚しているか。


〝先生方に伝わるだろうか〟〝受け入れてもらえるだろうか〟と、私は早速、授業改革委員会のメンバーに意見を求めたところ、次の回答が矢継ぎ早に返ってきました。

「一つ一つの視点が何を意味するのかよくわかりません」

「まずは一つ一つの視点について理解を深めないといけないですね」

「もし視点の理解が進めば、目指す授業イメージはもてると思いますけど、1単位時間（50分）で5つの視点のすべてを盛り込む授業にするのですか？」

「それはさすがに無理があると思います」

これらの意見から、私は手ごたえを感じていました。

一見すると懐疑的な意見にも見えますが、「視点を分けて生徒の学習を考えることに対しては否定的でないこと」「視点の理解が進めば授業イメージの共有につながるかもしれないこと」「5つの視点を正しく運用できれば授業が変わっていく可能性があること」を感じ取れたからです。

そこで、「授業研究5つの視点」を全教員に示す際、「5つの視点から各自一つの視点を選び、それを個人テーマとして授業実践に取り組んでほしい」と伝えました。すると、全体の半数が［視点1］［視点2］のいずれかを選び、2割程度が［視点5］を選びました（［視点5］は、次のステップに影響を及ぼすことになります。後述します）。

加えて、授業改革委員会が企画する参観授業、指導主事訪問の授業、人事評価の自己申告書やその参観授業においても、各自が選んだ視点に基づいて授業テーマを設定するようにお願いしました。

私がそのとき意図していたのは、5つの視点がそれぞれ授業のどのような文脈に紐付くのか、すなわち一つ一つの視点の理解を促進することでした。その第一弾として、「授業研究5つの視点」を基にした研究授業（教員が一斉に授業を参観するのではなく、学年4クラスの中から1クラスの授業を選択して参観する授業）を行うことにしたのです。

「視点1」と「視点2」をテーマとした研究授業

まず多くの教員が選んだ「視点1」と「視点2」をテーマにした授業を取り上げることにしました。

研究授業を引き受けてくれた教員は理科の授業で「子供の考えからめあてを設定する」「実験に対する見通しをもてるようにする」ことに挑戦してくれました。加えて、業者から貸し出してもらったタブレット端末を活用（資料2）

資料2　生徒がタブレット端末を操作している様子

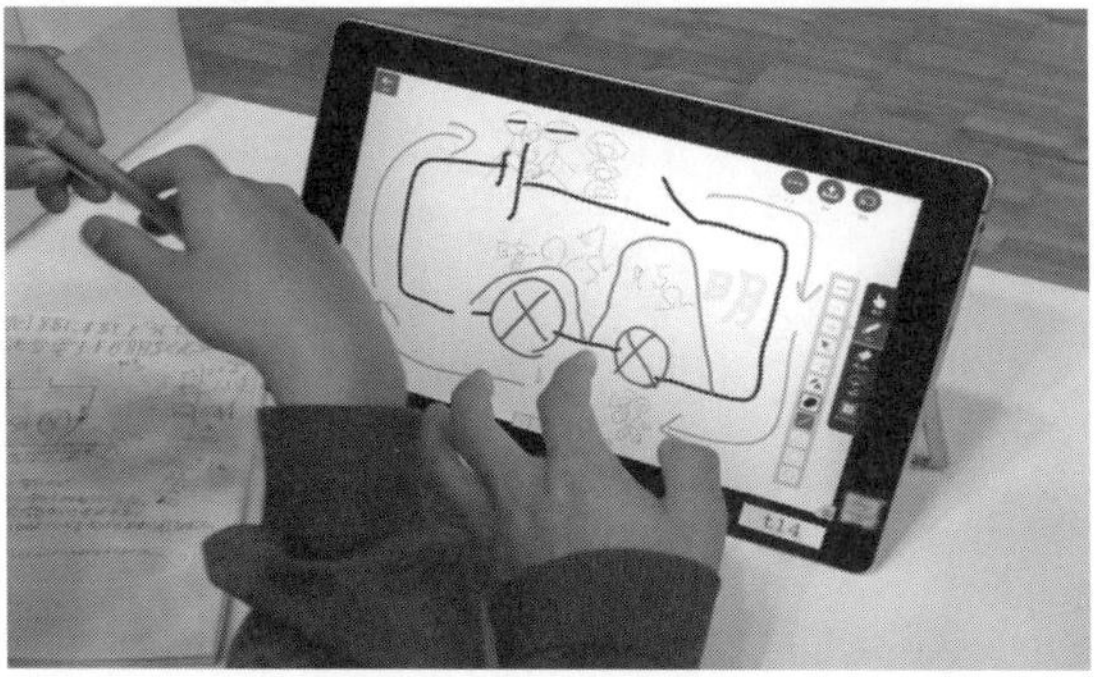

していたことも特筆されます（GIGAスクール構想が実現される3年前のことです）。

以下は、この教員に当時の授業を振り返ってもらったコメントです。

■5つの視点をテーマにした研究授業

正直な話、最初は5つの視点の意味がわかりませんでした。めあてや見通し、まとめの言葉は知っていましたが、5つの視点と結び付きませんでした。

この5つの視点は、主語が「子供たち」になっていた点がとてもすごいことだったと感じています。めあてを先生が示すのではなく、生徒にとってそのめあてに必要感があるかどうかという視点は、とても考えさせられました。簡単そうにみえますが、それは授業を重ねるごとに難しい挑戦であることがわかりました。

また、5つの視点から1つを選択して授業実践をする方法は、一つ一つの視点を理解し、少しでも達成に近付けたことがモチベーションのアップとなり、自分の授業を変えていくよい好循環を生みだしたと感じています。

自分は、授業で話しすぎてしまうことが多く、自分の話の中から生徒に課題を見付けさせてしまうことや、生徒に発言を求めても2人くらいの意見がまるで全員同じ意見であるかのようにして、めあてを設定してしまうことを課題だと考えていました。

そのため、［視点1、2］をテーマにした研究授業では、何かしらの揺さぶりや生徒が驚くような仕掛けをいれて、視点にある「子供たちが」の主語にせまる授業にしたいと考えました。


野口賢太郎（元・榛東中学校教諭、現・榛東南小学校教諭）

嶋野道弘先生を講師として迎える

次に打った手は、本校の目指す授業改革をサポートしてもらえる「外部講師の招聘」です。

真っ先に思い付いたのが嶋野道弘先生でした。文部省（当時）勤務時代には教科調査官として小学校生活科の普及や総合的な学習の時間の創設に尽力され、省庁再編によって文科省となってからは主任視学官を歴任し、文科省を出られてからは文教大学で教鞭を取っていたレジェンド級の教育者のお一人です。

そんな嶋野先生ですから、授業への造詣が深いことは言うまでもありませんが、温かいまなざしと揺るぎない情熱を胸に、教育現場の先生方の研究に、長年にわたって手を

資料3　嶋野道弘先生の講演の様子

差し伸べ続けている方です。

私自身、以前に参加した授業研究会でお話をうかがっていたこともあり、講師として本校の授業改革を後押ししてくれるのは嶋野先生以外にないと考えていました。

まして、朝の輪読会で読み込んでいた『学びの哲学』の著者です。本校に来てくださることを期待していたのは私だけではなかったはずです。**資料3**は、はじめて来校いただいたときの講演の様子です。

本校の取組を理解いただいたうえで、次のように話をしてくださったことが、先生方の士気を大きく高めてくれたように思います（この講話の後、「授業研究5つの視点」は「榛東中スタンダード」と名称変更することになります）。

●授業改革の好循環は、ポジティブ意識から生まれる。可能性のあることはとにかくやってみる。すると、子供の変化や取組の意義が見えてくる。そのようにして、より高次の課題が見えてくる。

●榛東中の授業研究5つの視点は、授業の形式を学びの本質に立って区切られたものである。この基本形（スタンダード）を学校で共有することが重要だ。

次に紹介するのは、道徳の代表授業を行ってくれた教員のコメントです。

■2回の道徳の代表授業を経験して

1回目の代表授業では、「こういう質問をしたら、こういう答えが返ってきてほしい」と思う気持ちがとても強くありました。子供たちはちゃんと自分の意見をもっているのに、教師の気持ちを察して、私が求める答えと自分の考えに違いがあったらいけないと思い、発言できなかったのだと思います。ですから、1回目の代表授業では沈黙の時間が続き、重苦しい空気になりました。

ワークシートには自分の考えを書いているのに、近くに行くとワークシートを手で隠したり、意見を求めても恥ずかしがったりしていました。授業後、「先生ごめん！もう1回やってくれたらちゃんとできる！（求める答えがわかっていれば発言できる）」と言われました。

2回目の代表授業では、単純に子供たちから出てくる答えがどんなものなのかワクワクしていました。それは、1回目の代表授業における嶋野先生のご指導で、「子供たちの発想力って素晴らしいな！　こんな考え方があるのか！　こんな捉え方、感じ方があるのか！」と、子供たちの考えを素直に感じられるようになったからです。

子供たちも、考えることの楽しさや発言することの喜び、友達の考えを知る新鮮さを感じていたと思います。全校体制で授業改革を行っていたので、教師だけでなく子供たちも変わったなと感じました。

五十嵐愛力（元・榛東中学校教諭、現・榛東北小学校教諭）

授業終末「振り返り」の定着

次に行ったのが、各教員が選んだ「視点」について協議する場を設定し、成果や課題を共有することでした。すると、先生方からは次のような意見がありました。

「単元のまとまりの中で授業研究の視点に沿った授業を計画するようになった」

「同じ視点を選択した教員と情報交換をしている」

「［視点1］から［視点5］はそれぞれが独立しているのではなく、つながっているのではないか」

「難しいとは思うが、すべての視点を50分に取り入れることはできないだろうか」

「嶋野先生の講話のあとから、［視点5］の振り返りを必ず入れるようにしている。子供はさまざまな振り返りを書くので、自分の授業を評価されている感じがする」

2割ほどの教員が［視点5］を選んでいたことが功を奏し、「振り返り」を行う意義に目を向けている教員が一定数いることがわかりました。そこで、授業改革委員会が**資料4**を作成し、各教室の黒板掲示用として配付しました。

その後、全教員が「振り返り」の時間を確保するようになり、

資料4　振り返り掲示

授業の最後は
ふりかえり
※授業の最後に学んだことを書きましょう。
① 書き方は自由です。
② 授業時間内で書き終わるようにしましょう。

授業の最後にこの資料が黒板に提示されると、生徒も自然に振り返りを書くようになっていきました。

この段階で、「授業研究5つの視点」に次の考え方を盛り込むこととなります。

●［視点5］は全教員が取り組む共通テーマとする。

●視点を複数選択することにも挑戦する。

「授業研究5つの視点」を示してから、ここまでくるのに1年を要していますが、次に挙げる取組や考え方が定着していったように思います（嶋野先生が本校の授業改革に安心感と重みを与えてくれたことが大きかったように思います）。

●5つの視点の中から一つの視点を選んで授業実践に取り組んだことで、課題意識を高め、目指す授業のイメージをもてるようになってきた。

●［視点5］に取り組んだ教員の意見により、振り返りや子供の授業評価の重要性を知るに至り、全校で振り返りが定着した。

次に紹介するのは、こうした先生方の変化を目の当たりにしてきた当時の研究主任によるコメントです。

■授業改革を担う研修主任

自分に研修主任が務まるのか不安で、青木校長のところに相談に行ったことを覚えています。「みんなの意見に耳を傾け、みんなの力をまとめる役割ができるのが武尾先生のよさだ」という話をいただき、自分のすべきことを捉えることができました。

研修主任としての喜びは、研究授業等をとおして有効な手立てを共有できたことです。また、代表授業者が授業を通して成長していく姿を間近で見られたことです。

授業を見合う雰囲気ができて、「授業研究5つの視点」が示されました。正直に言えば、どの視点についても全くイメージがもてませんでした。ただ、グループ活動をすればいいのか、振り返りを書かせればいいのか、というくらいにしか考えられませんでした。道徳の代表授業、野口先生の研究授業、『学びの哲学』の輪読会、嶋野先生の講話などを通してだんだんと各視点に対するイメージがもてるようになったのを覚えています。

校内研修において、自分が選んだ視点から学んだことを発表した際に、「5つの視点はすべてつながっている」という先生方からの発言に驚きと喜びを感じました。

武尾暁（元・榛東中学校教諭、現・榛東村教育委員会）

挑戦する道徳授業
―道徳的価値と向き合う言語活動

「教科を問わず目指す授業イメージ」が共有されはじめたころ、新卒3年目の教員が道徳の代表授業に挑戦することになります（「第18回道徳」を板書して授業を行っていた教員です）。代表授業前には、授業改革委員会で本人から「どんな授業を行うか」説明を受けるのですが、その内容に一同が興味を引かれました。

授業では模造紙に拡大した道徳の資料を黒板に貼り、主人公の気持ちが変化したと思うところにシールを貼ってもらい、意見の多いところの場面を取り上げて、道徳的価値について話し合うと言います（その後、シールが少なかった意見についても取り上げます）。

生徒がどこにシールを貼るのか、授業がはじまってみないことにはわかりません（他の

資料５　子供たちの活動の様子

クラスで同じ授業を行えば、生徒が違うのですから反応も異なるはずです）。

言うなれば、生徒の着眼点に基づいて考え、議論するための材料を得て道徳的価値に向き合っていこうとする授業です。〝本校としては、挑戦する道徳の授業になるぞ〟と直感しました。

実際、本番の授業では、生徒が真剣に本音で語り合い、その語りが中心となる「自分の存在を感じ、認められる授業」となっていました（**資料５**）。これは単に生徒にとって学びがいのある授業となっていただけではありません。「チャレンジ精神をもって教員が授業を変えれば、生徒が本来もっている力を引き出せる」ことを実証するものだったのです。

これまで型どおりの流し込む授業に慣れていた本校の教員がどれだけ衝撃を受けたのか想像に難くな

いと思います。

次に紹介するのは、この授業をやってのけた教員のコメントです。

■思考を可視化する道徳の授業

私は、道徳の授業に抵抗感を抱いていました。どうしても教師主導になり、生徒も「先生はこう言って欲しいのだろうな」と正解を探してしまうような授業しかできなかったからです。「思考の可視化」が、生徒主体の授業になるのではと思っていました。

何回も指導案検討をしていく中で、中心発問がわからなくなったり、何を授業の中で大切にしたいのかが見えなくなったりしたのを覚えています。

そこで、「主人公の気持ちが変化する箇所にシールを貼る」という授業を構想しました。難しいのではないかという意見もありましたが、「やってみないことには難しいかどうかはわからない」という気持ちで挑戦しました。

結果は、私だけでなく生徒も今までで一番、道徳的価値と向き合えたと思います。

橋本知侑（元・榛東中学校教諭、現・安中市立第一中学校教諭）

この道徳授業を参観した授業改革委員会のメンバーが「榛東中スタンダード（授業研究5つの視点）のチェックシートを作成してみたい」と言い出し、実際につくってみたのが**資料6**です。

資料6　榛東中スタンダード・チェックシート

全体	習得型の授業だけではなく、活用・探究型の授業を研究する。
①	習得型の授業と活用型の授業の違いを理解していますか。 研究授業では、活用型の授業になっていますか。
視点1	子どもたちは、授業のめあてを関心や期待、必要感をもって理解したか。
②	めあては、「何をするのか」「何ができるようになればよいのか」が明確になっていますか。
③	めあては、手書きで板書していますか。
視点2	子どもたちは、見通しをもって活動に取り組もう、又は取り組んでいるか。
④	ワクワク感を出せていますか。
⑤	教員の発話は次のようになっていますか。 できそうですか。今までどのようにしていましたか。何をすればよいかわかりましたか。
⑥	時間の見通しを示していますか。
⑦	めあてから見通しまでの時間は、5分から10分になっていますか。
視点3	子どもたちは、みんなで課題解決をしようとしているか。
⑧	生徒の考えを可視化していますか。
⑨	生徒の考えは、言語や図、表などを使えるといいですね。
⑩	学び合いの必要感を生徒は感じていますか。
⑪	学び合いは、ガチャガチャしていますか。
視点4	子どもたちは、めあてを達成したか。
⑫	生徒の言葉を聞きながら教師がまとめていますか。
⑬	ノートにまとめを書かせていますか。
⑭	まとめを板書していますか。
⑮	めあてとまとめは対になっていますか。
視点5	子どもたちは、この時間の学びが自分にとって意味や価値があったと自覚しているか。
⑯	3分から5分の時間をとれていますか。
⑰	制限は何もつけず「振り返りましょう。」だけで、振り返りを行っていますか。

嶋野道弘先生は、チェックシートの［視点3］の項目⑪「学び合いはガチャガチャしていますか」に対して、「これは授業改革を進めることばだね」と言ってくれて、授業改革委員会のメンバーの喜びは、この上ないものでした。

教員の生徒観を劇的に変えた生徒自身が主導する体育大会

この時期になると、榛東中スタンダード（授業研究5つの視点）の理解も進み、「生徒の主体性や可能性を伸ばす授業をいかにしてつくるか」が、先生方の大きな関心事になりつつありました。

ただ、生徒の主体性や可能性を伸ばすのは、何も教科の授業だけではありません。行事をはじめとして、学校教育におけるあらゆる教育活動において重視されるべきことのはずです。そこで、本校の大きな学校行事の一つである体育大会に目を向けることにしました。

本校の体育大会は陸上記録会の形式で、各競技に分かれて行われていました。なかでも、部活動対抗リレーは、各部ごとにユニホームを着て走ったり、文化部が運動部を走り抜く場面も見られたりするなど、生徒の自主性に委ねられた自由度の高い競技となっていました。生徒たちも大声を上げて応援する姿がとても印象的です。

しかし、例年同じことを同じように実施しているせいか、体育大会全体としては、「決められたことをただこなすだけ」といった印象で、今ひとつ盛り上がりに欠けるように感じられました。そこで私は授業改革委員会のメンバーに対して、次のように提案してみることにしました。

本校の部活動対抗リレーはたいへん興味深い取組ですね。生徒の自主性に委ねている点が素晴らしい。ただ、部活動対抗リレーだけではもったいないと思います。そこで、生徒会を中心に体育大会の企画・運営そのものを生徒に委ねてみませんか？　先生方には、相談役、応援役となって生徒たちを裏からサポートしてもらいたいと思います。

案の定、メンバーからは大反対の声があがります（想像以上でした）。

「体育大会は生徒だけのためにある行事ではありません。来賓や保護者からクレームが来たら、どうなさるおつもりですか」

「本当にやるとなれば、1年以上前から綿密な計画を立てる必要があるはずです」

「そもそもうちの生徒会や生徒に、そんなことができるのでしょうか」

そこで私はより多くの先生方の考えを知るために、アンケート（自由記述）をとったところ、次の回答が寄せられました。

「新しいことに挑戦することは大切だとは思いますが、『どんな競技を計画するのか』『本当に熱心に準備するのか』など、正直不安があります」

「生徒主体でということですが、経験不足でなかなかイメージが湧きません」

「体育大会は多くの方が参観に来るので、きちんとした態度で取り組ませたい」

「生徒の力を信じたい気持ちはわかりますが、最初から全部を任せるのは困難です。例えば、学年種目の一部からはじめてみるなど、スモールステップで実施していくのがよいと思います」

「やるにしても、2、3年かけて段階的に導入すべきです」

こうした回答を一つ一つ読んでいて、〝あぁ、いかにも学校らしいな〟と私は感じていました。〝生徒たちはこれから、かつてないほど先行きの見えにくい時代を生きていかなければならないというのに…〟と。

「うまくいくかわからないことはやりたくない」「答えがないのは怖い」「（何か問題があったわけでもないのに）これまでと同じで何がいけないの？（不安だ）」こうしたリスクを回避しようとする心情が先生方の足を止めます。

しかし、次々と起こる変化に対応するには対症療法では後手に回ります。前向きに挑戦し続けてこそ道は拓けるのです。そうできるようになるための機会をつくり、トレーニングを積んでいくことこそが、（本来であれば、今も昔も変わらず）学校教育の果たすべき責務であり、それは先生方とて同じだと私は思います。

他方、先生方の考えや心情を知ったからこそ、生徒主体の体育大会を実現することが生徒の主体性の伸長に寄与するのみならず、先生方の意識改革を加速させるチャンスだとも考えました。

そこで、職員会議の場で先生方に次の話をしました。

> 子供たちは将来、正解のない世界で、多くの人たちと協力し合い、粘り強く合意形成を図りながら自分たちの道を切り拓いていかなければなりません。そのための手助けをするのが私たち教員である以上、生徒に身に付けてもらいたい学力の中心は、問題解決力であり、考えの異なる他者と力を合わせて目的を達成しようとする協働力です。
> そうした資質・能力を育むには、そのために必要な教育課程を編成し、実施し、新たな課題を見いだし、さらなる教育活動の質的向上を目指してそのつど改善していくほかありません。
> それこそが、カリキュラム・マネジメントであり、とりわけ特別活動、総合的な学習の時間の充実は、生徒の問題解決力と協働力の育成に結び付きます。

本校の体育大会を生徒に任せる学校行事とするのはこうした趣旨であり、本校の子供たち、先生たちであればきっと実現できると私は信じています。

この段階でようやく先生方の了承を得られたわけですが、正直なところ〝校長がそこまで言うんだったら（問題が生じれば校長が何とかしてくれるだろうし）〟などと渋々受け入れるといった印象でしたが、生徒たちのほうは違いました。

生徒会役員に校長室に来てもらい、生徒会担当の教員も同席のうえで次のように話をすると、彼らの表情がギュッと引き締まるのを感じました。

来年度の体育大会を計画、準備、実施、片付けなどすべて生徒の手によるものにしたいと考えています。その中心になるのが生徒会です。

そこでみなさんにお願いしたいテーマが2つあります。一つは全員が楽しめる体育大会にしてもらいたいこと、もう一つは、全員の安全が確保される体育大会にしてほしいということです。

資料7　生徒会長の説明資料

第54回　榛東中学校体育大会実施計画案

1　期　日　　平成31年10月3日（木）　　　雨天順延　10月4日（金）
2　時　間　　午前9時から午前12時
3　会　場　　榛東中学校グラウンド
4　テーマ
　①　全員が楽しめる。
　②　全員の安全が確保されている。
5　内容
　①　開会式
　　開会式（クラス別の進行により入場）
　　開会のことば
　　校歌
　　生徒会長あいさつ
　　競技場の注意
　　スローガン
　　閉会の言葉
　②　種目（クラス別対抗戦で勝敗を競う）
　　アンケートの作成（　　　　　　）　　4月5日（金）
　　プログラムの作成（　　　　　　）
　　生徒総会で説明しクラスでアンケートをとる。　　4月22日（月）
　　学級会で種目を話し合う。　　5月13日（月）
　　学級で話し合った結果を学級委員がもちより、種目を決める。
　　　　5月24日（金）
　　種目の発表　　6月11日（火）
　③　閉会式
　　結果発表
　　表彰
　　生徒会長あいさつ
6　その他
　①　グランド整備や前日準備は生徒が行う。
　②　クラスで応援をつくる。
　③　午後までやりたい。
　④　全校ダンスをやる。

この話をしてわずか8日後、生徒会役員が最初の資料をまとめてきました。

資料7は体育大会実施計画案で、職員会議の場で生徒会長が教員に説明した資料です。

この日を皮切りに、生徒たちのチャレンジと先生方のサポートがはじまります。当日までに生徒たちがこなさなければならないことは多く、課題として立ち塞がったのは主に次の事柄でした。

●体育大会の企画・運営を自分たちに任されたことを、全校生徒にどう説明すればよいか。
●全員が楽しめ、さらに安全を確保できる種目をどうやって決めればよいか。
●当日の運営の役割分担をどうするのか。本当に自分たちでできるのかといった不安感　など。

こうした課題に対し、生徒たちは次のように対応していました。

●全校生徒を集めて説明するのではなく、生徒会役員が全クラスを回って意気込みを語った。
●各学級から種目案を出してもらい、それらを生徒会で絞り、学級委員と生徒会で決めた。
●専門委員会ごとに役割を分担し、進行を中心に納得いくまで準備をすすめた　など。

このようにして体育大会当日を迎えます。
開会式では生徒会主導のもと、全校の行進、あいさつ、選手宣誓など、すべて生徒たちで行います。マイクの設置、団旗の並び方などについても、先を見通しながら対応します。また、競技前には教員と最終確認をしながら段取りどおりに事を進め、競技そのものも心底楽しみながら、全力で取り組んでいました（資料8）。生徒たちのあふれる笑顔や全身で喜びを表現する様子は、本当に素晴らしいものでした。

資料8　体育大会の様子

閉会式では、生徒会長が代表して全校生徒を前にあいさつをしました。その一つ一つの言葉には、みんなの協力を得ながら何とかやり遂げられたことに対する達成感や感謝の気持ちが込められていました。生徒会長が

あいさつを終えると、会場全体に感動の静寂が訪れます。

すると突然、生徒会長が「では、最後に校長先生からひと言お願いしたいと思います」と言い出しました。

寝耳に水とは、まさにこのことですね。私が話をするなどといったことはまったく聞かされておらず、いきなりの指名です。

断るわけにもいかないので、とにかく朝礼台に上がったものの、生徒たちの顔を見渡したら、頭が真っ白。これまでいく度となく全校生徒に向けて話をしてきたはずなのに、足がすくんでいる自分に気付きました。

400名もの生徒全員が顔をあげ、真っ直ぐ私を見つめている。その一つ一つの表情に、満足感、充実感、達成感が浮かんでいました。

「みんなよくやった！」

私はそれだけを言って朝礼台を降り、生徒たちに拍手を送りました。

この体育大会を前後して、先生方の意識がずいぶんと変わったように思います。「生徒たちのもつ力、可能性を信じて託すことが彼らの成長を促す」そんな生徒観への変容です。

体育大会以降も、文化祭、学習発表会、合唱コンクールと続きますが、いずれにおい

資料9　文化祭等の様子

ても、生徒に委ねる活動が学校行事の中心となっていきました（資料9）。

次の文章は、生徒会を担当していた教員のコメントです。

■生徒が運営する体育大会

生徒が運営するはじめての体育大会の担当になりました。本当にゼロからの企画なんだと思いました。前年度までの体育大会をベースに、生徒会本部役員のメンバーと吟味したり、まわりの先生方に相談したりしながら、形をつくっていきました。

計画段階では、できるのかどうか、準備に時間が足りない、周りの先生方の大会運営に対する心配の声、生徒会本部役員のワクワク感と自分の焦りが渦巻いていました。しかし、だんだんと学校全体の協力する体制を感じていたのも事実です。

体育大会を実施して感じたことは、子供の無限の可能性です。大人が少し支えてあげるだけで、子供は自分たちで多くのことができるのです。本部役員だけではなく、全校生徒の多くの笑顔、達成感、満足感を感じました。

こんなにも大きな行事を自分たちで企画・運営ができたことが自信につながり、新しいことへの挑戦心が生徒たちに生まれました。また、多くの生徒が、本部役員への感謝のことばを言い、頑張っている人を認め、讃えていました。本部役員の頑張りが、全校生徒の心を動かしたのです。

この体育大会の経験を通して、「失敗してもよいからやってみる、子供は我々大人の想像の遼か上を行く可能性がある」という考えに変わりました。

私の教育観は確実に変わったのです。

高橋詩音（榛東中学校教諭）

榛東中のフィロソフィー（哲学）
―未来・人生を実り多いものにする学校

授業時間、生徒がよいことを発言していたり、考えたりしている最中にチャイムが鳴り、生徒の集中力が途切れてしまうことがあります。そんな場面を目にするたびに私は、チャイムの音をうるさく感じていました。

そこで、先生方に対し「校内のチャイムを鳴らすのを止めよう」と提案してみたのですが、「休み時間が終わっても生徒が教室に戻らなくなる」「遅刻する生徒が増える」「時間による節度が大切だ」などといった理由から猛反対を受けます。

それに対して私は、チャイムを鳴らさないお試し期間を設定し、生徒の様子を見てから継続的な取組にするか決めましょうと折衷案を出し、とりあえずやってみることにしました。すると、先生方の心配は杞憂だったことがわかります。

むしろ、チャイムを鳴らしていたときよりも、生徒たちは主体的に行動していたし、先生もその姿を目にしていました。それどころか、授業時間に遅れた教員に対して生徒のほうが「先生、もう時間過ぎてるよ」と突っ込みを入れる場面さえ見かけました。

そう、子供たちのもてる力を信じて任せ、先生方が適切にサポートすれば、これまで「できない」と思い込んでいたことが、割とあっさりできてしまうのです。裏を返せば、生徒主体の教育活動を取り入れることを通して、いかに先生方の思い込みや不安を払拭するかが、先行きが不透明で予測困難な時代を生きることになる子供たちの成長のために、学校がすべきことなのではないかと思うのです。
そう考えたとき、従来の学校の論理にとらわれることなく、視野を広げてみるのも手ではないかと思われました。その参考の一つとしたのが、京セラ創設者である稲盛和夫氏の経営哲学です。

経営をするうえで判断を下す基準としているのが、「フィロソフィー」です。フィロソフィーとは「哲学」という意味ですが、自分たちはどこをめざし、どう行動するかという「考え方」であり、行動規範でもあります。京セラをはじめ、私が経営にかかわった会社では、すべての従業員がそれに基づいて判断を下し、行動を起こせるように、同じフィロソフィーを共有し、日々心に刻みます。

※稲盛和夫著『心。』（サンマーク出版、2019年）より

この文章を読んだとき、〝榛東中の哲学を明らかにして先生方と共有したい〟と考えるようになり、校内に学校改革委員会を設置して次の目的を掲げました。

「榛東中のフィロソフィーを考えることからスタートし、学校におけるさまざまな課題を見いだし、解決していける能力を互いに磨いていく」

メンバーは管理職、教務主任、学年主任、主幹事務長、生徒指導主事、進路指導主事、保健主事とし、時間表の中に毎週1コマ位置付けて「榛東中学校は、どのようにあるべきかというグランドデザイン」「使命・存在意義・目指す姿・行動基準・価値観」を考えていくこととし、第1回の会合では次の話をしました。

年度はじめに突然、教務主任、学年主任等になることが決まる。すると、今まで同僚だった教員を指導する立場になる。おのずと仕事について考える内容が変わる。まず、みなさんがすべきことは、しばし足を止め、自分を振り返ることです。すると、目の前のことだけにとらわれず、全体を見渡すことが必要だと気が付きます。そして、自分を振り返ることで、やるべきことが見えてくると思います。

みなさんの仕事は、自分の判断が学校の哲学と常に一致しているかを考えることで磨かれると思います。ですから、榛東中としての哲学・フィロソフィーが必要であり、空気として感じていることを言語化し、みんなで共有することは価値あることだと考えます。

次に、数回にわたってメンバー同士で意見を交わしたところ、先生方からは次のような意見が出ます。

「一人一人が未来を切り拓くことができる学校」
「困難な問題を協働して解決する学校」
「生徒が自信をもって羽ばたける学校」
「新たな自分を見付け、未来を実り多いものにする学校」

こうした対話をまとめて掲げたのが、次のフィロソフィー（哲学）です。

■榛東中学校フィロソフィー
かかわる人全員のかけがえのない未来・人生を実り多いものにする学校となる。

ちょうどこのころ、タブレット端末の活用をきっかけとして本校の授業改革に化学変化が起こることになります。

授業改革の化学変化

―子供たちの思考を可視化するタブレット端末の活用

タブレット端末の画期的な導入と加速する活用

ＧＩＧＡスクール構想が実現する以前、タブレット端末の活用は、ごく少数の地域や学校に限られていましたが、（先に紹介した野口教諭の研究授業でも触れたように）本校では試験的に取り入れており、〝生徒の大胆で自由な発想を引き出すことができるのではないか〟といった手応えを感じていました。

そこで、榛東村教育委員会に働きかけたところ、驚くことに「１学年分１７０台のタブレット端末を導入する」というのが、榛東村からの回答でした。しかも、翌年度さらに１学年分を設置し、３年間で生徒全員に配置するという提案です（新型コロナウイルス感染症によるパンデミック発生の半年前、ＧＩＧＡスクール構想による一人一台タブレット端末事業開始１年半前のことです）。

私自身、ここまで積極的に取り組んでもらえるとは思っていなかったので、これは相当しっかり推進しないとまずいぞと不安な気持ちにもなりましたが、これも杞憂でした。

タブレット端末が導入された９月、どの教員も戸惑うどころか、すっかりおもしろがってどんどん授業で使っていく姿が見られるようになったのです（資料10）。
　ただ、当然のことながら、すべてがすぐにうまくいったわけではありません。機器の不具合があったり、使い慣れていないことから、授業が途中で停まってしまうこともありました。

資料10　タブレット端末の１日の使用台数（のべ台数）

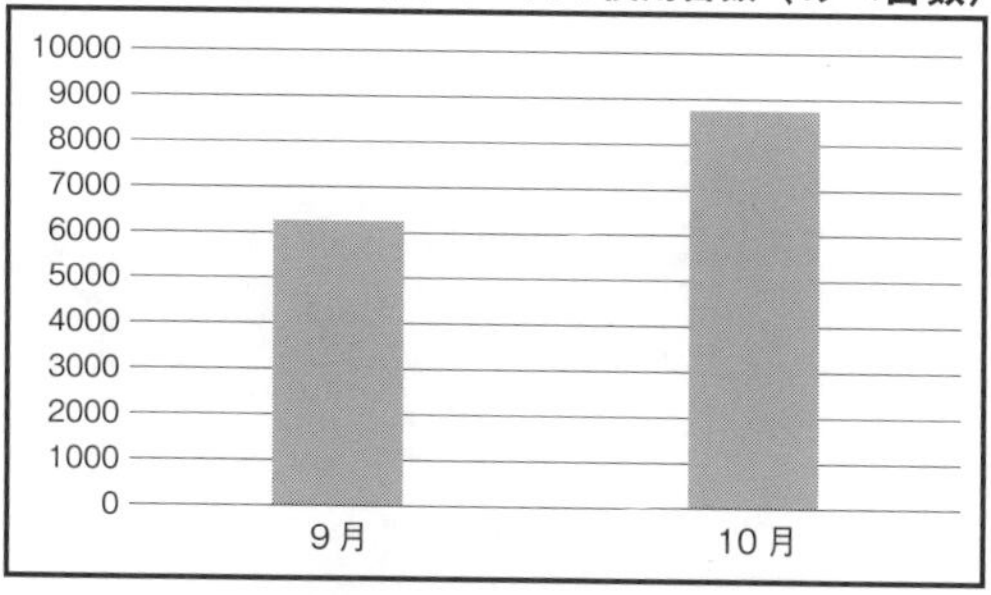

資料11　大型モニターで映し出された様子

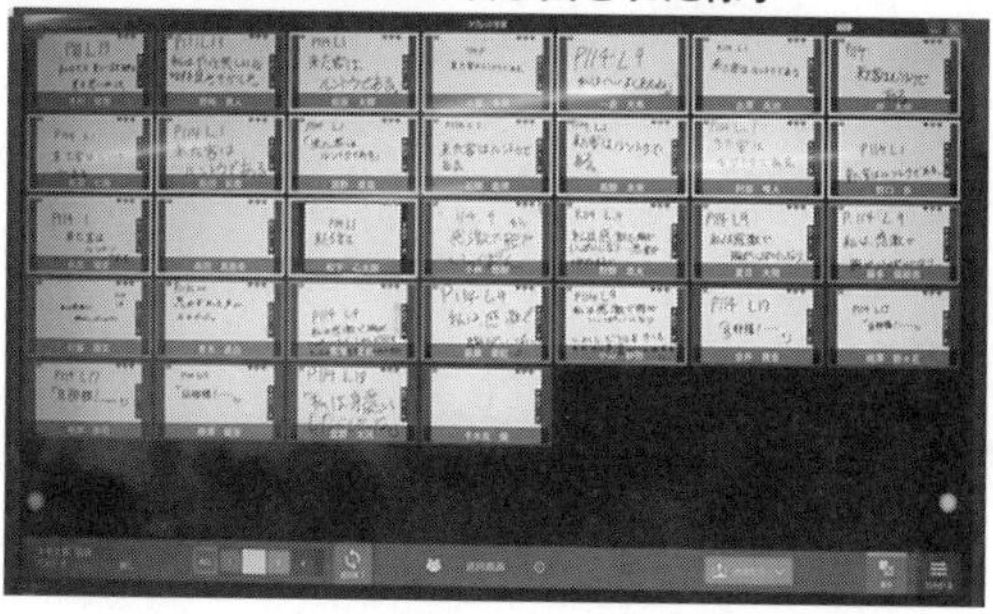

　しかし、そのつど、「先生、こうすればいいんじゃないですか」「A先生はこうやっていました」などと生徒が助け舟を出してくれるのです。こうした生徒の後押しもあり、タブレット端末を活用する挑戦は加速度的に進んでいきました。
　タブレット端末の活用は、これまで教員が手を使って行っていたことを大型モニター上で簡便に行えることがわかりました（資料11）。

資料12　タブレット端末活用の様子

また、子供が入力した意見をソートする、授業中に取ったアンケートの結果を瞬時に映すこともできるようになっていきます（資料12）。

しかし、物珍しさや簡便さだけでは、生徒の学びを深めるには至りません。そこで、さらなるタブレット端末の活用法を追求することとなります。

タブレット端末の可能性を引き出す研究授業

タブレット端末の活用が、子供たちの学びの深化につなげられるようにするには、研究授業を通じて検証していくほかにありません。悩んだのは授業者です。

前述した野口教諭ならば授業者として適任ではあったのですが、野口教諭の実践ばかり取り上げていては、可能性を広げていくことはできないし、なにより「野口先生の真似をすればいい」という受け止めとなってしまえば、かえって画一的な活動にしてしまいかねません。そこで、白羽の矢を立てたのが、里見先生でした。

里見先生の理科の授業では、生徒たちが前のめりになって実験に取り組んだり、進んで対話したりする姿が日常的に見られていました。「圧力」について学ぶある日の授業では、教室に紙コップをたくさん並べ、その上に生徒を座らせる実験だったのですが、生徒たちは座るだけでは物足らず、寝そべってみたり、その上に2人目が重なってみたり、ワイワイ、ガヤガヤ言いながら実験していました（資料13）。

資料13　理科の授業で生徒が実験する様子

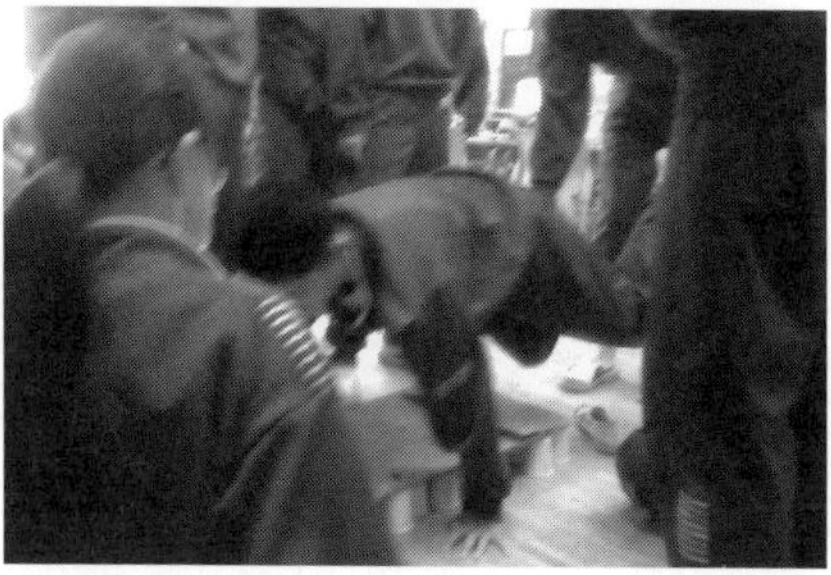

このような生徒主体の奔放な授業を行える里見先生であれば、どんな研究授業を考えてくれるのだろうと、想像するだけでワクワクしてきました。

そこで、（断られるかもしれないなぁなどと不安に覚えながらも）5年目研修の面談の際に、次のように切り出してみました。

「5年目研修は順調ですか？」

「初任者のときは、研修の講師が授業のことを話していても理解できないことが多かったんです。でも、今は授業の話も理解できるし、棒束中でやっていることの話だとか、同期の授業の悩みと自分の悩みが少し違うので、自分の成長を感じています」

「そういえば、紙コップを並べて子供に座らせた圧力の授業はおもしろかったね。クラスが一体になって試行錯誤しながら意見を言い合っていた。あの授業にはたくさんの学びがあったと思う。子供ってすごい発想をもっていることを私は学んだよ」

「ありがとうございます。私、校長先生にはじめて褒められました」

こんなやりとりの後に、打診したところすぐに快諾してくれました。

資料14　タブレット端末に書き込む様子

当日の授業では、タブレット端末に自分で考えた実験を言葉、絵、その組み合わせなどフリーハンドで書き込みます（資料14）。その後、生徒の考えたすべての実験装置を大型モニターに映し出し、そこから学び合いを進めます。すると私が参観した「圧力」の授業のときのように、生徒の意見と意見がぶつかり合います。

資料15　電子黒板に映し出した様子

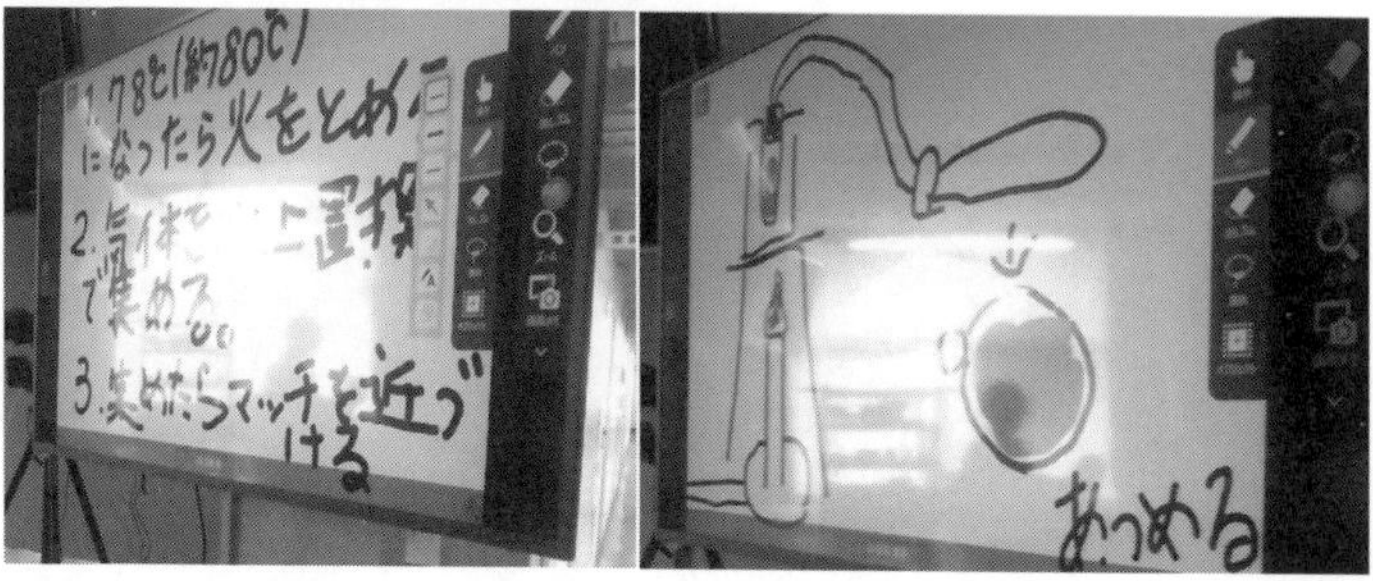

この授業のおかげで、授業研究会では、以下の内容が全教員に共有されるに至ります。

●タブレット端末は、生徒の思考を可視化するための道具として有用であること。

●授業を通じて「[視点3] 子供たちはみんなで課題解決をしているか」を具現するうえで有効な手だてになること。

次の文章は、このときの授業を振り返ってくれた里見先生のコメントです。

■タブレット端末を活用した学び合いの授業（理科）

生徒たちが蒸留の実験を立案する授業を構想しました。

次のことを感じました。

①実験の立案をするうえで、個々のもつイメージを言葉だけ

でなく図にして可視化することで、ぼんやりと描いていたイメージ（手順や必要な器具、条件など）をより具体的にすることができる。

②ＩＣＴの活用により、それぞれの案を共有することが容易になり、友達の案と自分の案を比較し、よりよい方法を検討することが可能になる。

③子供たちは、文字、絵、色をつける、消すなど、落書き帳に描くような感覚で自由に自分のイメージを表現することができる。間違いを気にせず、素直な考えを表現することができる。

④「熱する」「78度まで熱する」「アルコールを袋で集める」「冷やして液体にする」など多様な意見を共有することで、自分で考えた方法を再考し、友達の考えを付け足すなどしてよりよい方法を追求することができる。

あまり形式を定めず自由な発想で行ったことが、有効であったと思います。

里見まどか（榛東中学校置籍・ジョホール日本人学校教諭）

生徒一人一人の対話を重視する授業研究

それからもタブレット端末を有効活用する方法について試行錯誤していましたが、そのうちに「授業支援ソフト」が大きな役割を果たすことがわかってきました。本校で採用したのは、「協働学習支援ツールコラボノート　ジェイアール四国コミュニケーションウェア」（以後、「コラボノート」という）です。

資料16　コラボノートの思考ツールシート①

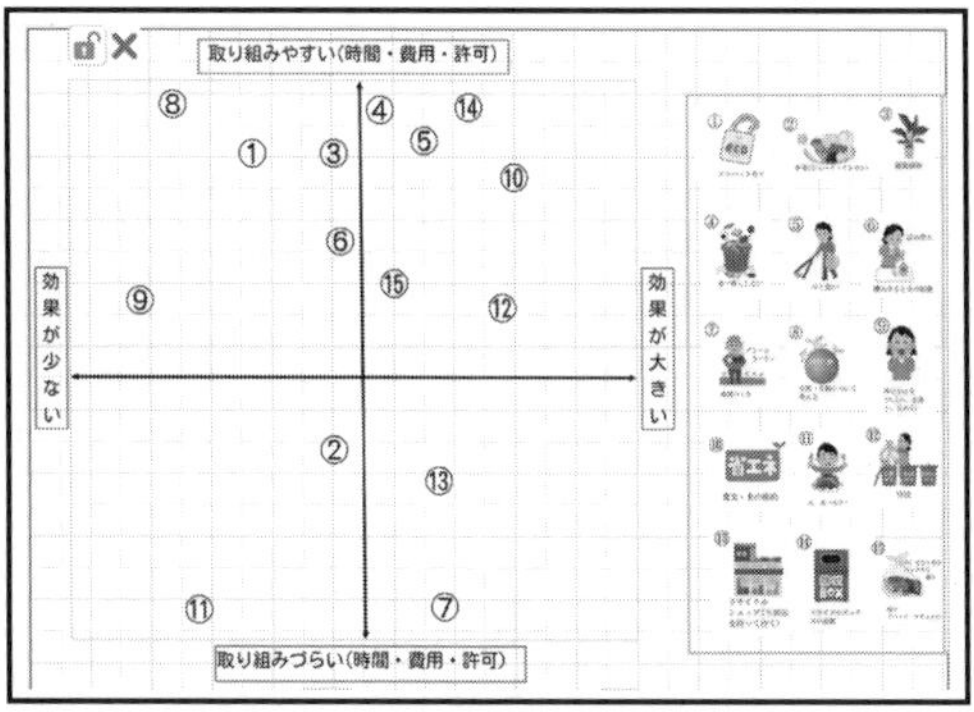

資料17　コラボノートの思考ツールシート②

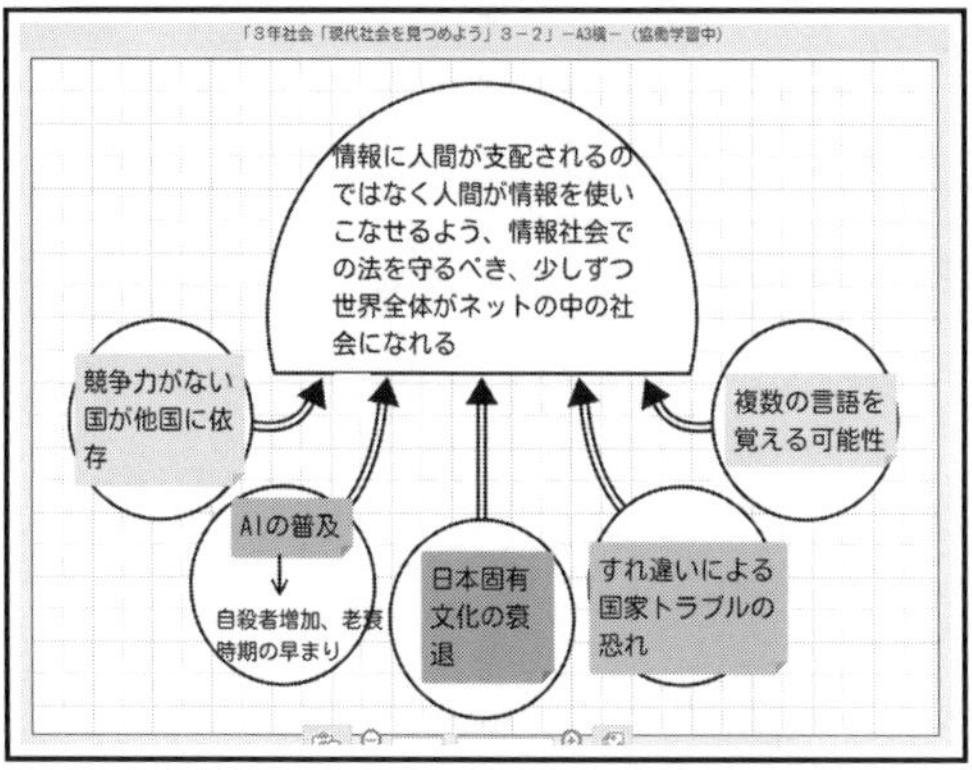

コラボノートでは、他の生徒のシートを見ることもできる（できないようにもできる）ため、生徒同士の学び合いにつなげることが可能です。そこで、「思考ツール」として活用し、考えを表現することに取り組みました（**資料16、17**）。そうすること

で、学び合いの時間を十分確保できるようにもなります。結果、難しいと感じていた、榛東中スタンダードの5つの視点すべてを1単位時間（50分）内に取り入れることが現実的となったのです。これは、授業改革に化学変化が起きたとも言うべきものでした。

嶋野道弘先生は、これを「学びの好循環」と呼びました。榛東中スタンダードの途中でタイムオーバーすることなく、生徒の考えを互いに比べ合い、考えの根拠について伝え合うことを通して、生徒の思考をよりいっそう深められるという循環です。

他方、グループにおける対話の時間が十分確保されたことで、生徒によって課題解決に向かう姿勢に違いが生じていることもわかってきました。そこで今度は、「生徒一人一人の対話を重視した学び合いをどう充実するか」が課題となり、授業改革委員会で協議することにしました。

「グループでどんなことが話し合われているのか、すべてを把握することはできない」
「だったら、学び合いにおける生徒の実態を細かく分析できるようにすればよいのではないか」

こうした意見から、生徒の学ぶ姿に徹底的にフォーカスして研究を進めていくことが、さらなる授業改革につながっていくのではないかという気付きが生まれたのです。

榛東中方式による家庭授業への挑戦

―新型コロナウイルス感染症を契機として

学校の危機　心の萎えに向かい合う

２０２０年度、新型コロナウイルス感染症拡大防止のための臨時休業は、全国のどの学校においてもその対応に苦慮していたと思います。本校では、５月の連休明けから再開されることを期待して、学年ごとに登校する分散登校について話し合っていました。

しかし、４月後半になっても感染症の拡大は収束をみせず、臨時休業の延長が現実となります。子供たちの学力保証もさることながら、子供たちの心の萎えと教員のモチベーションの低下が、学校の危機ともいえる深刻な状況でした。

「ずっと家にいる。友達と会って話がしたい」

「いつまでお休みが続くの？　クラスで給食を食べたい」

「進路は大丈夫なの？」

生徒の悲痛な声が聞こえてきます。

私が校長としてなすべきことは、この未知の課題に正対し、学校は何ができるかを教員と協議し、たゆまず実行に移すことでした。その後ろ盾としたのが、榛東中フィロソフィー「未来・人生を実り多いものにする学校」であり、次に挙げる方針です。

①生徒に学校の心を届けるオンライン学習を行う。
②全生徒が、オンライン学習を平等に受けられるようにする。
③教員のテレワークによる分散勤務は、現状のまま継続する。

教員とまず臨時休業期間中の子供たちの学力保証について協議したところ、次の意見が出されます。

「アカウントが生徒全員に配付されているので、通信環境とパソコンやタブレット等の機器がある家庭には、双方型のオンライン授業ができるのではないか」

「機器については、学校所有のタブレット端末を貸し出すことで解決できるのではないか」

「WI-FI環境がない家庭の生徒は、学校に来て、教室で行うことで解決できるのではないか」

あの状況下で（少数とはいえ）生徒を登校させることはできず、またWI-FI環境の課題はすぐに解決できるものではないことから、この時点では双方型のオンライン授業は断念せざるを得ませんでした。

　ほかにもこんな意見が出ます。

「スマホでもネットにつなげることはできる。あらかじめ録画した授業動画を学校のホームページにアップして視聴できるようにしてはどうか」

「WI-FI環境がない家庭でも、スマホを使ってホームページは見ることができる」

「授業動画を保存したDVDを各家庭に配付するのはどうか」

「1人の教員が、10名程度の家庭にDVDを届ければよいのではないか」

「ホームページに授業動画をアップする方法は、セキュリティー上の課題はあるが、生徒のアカウントや暗証番号を使用することで実現の可能性がある」

「機器については、生徒用タブレット端末が170台あるので貸し出すことができる」

「課題は、WI-FI環境の有無についてどうするか」

「USBに動画を保存して、保護者が受け取りに来てもらうのはどうか」

「ホームページコースとUSBコースに分けて、希望をとるのはどうか」

「USBコースというのは聞こえがよくないので、タブレットコースにしたらどうか」

学校としてできないこと、すべきではないことを捨象し、最終的に以下の2つのコースを併用する形で「榛東中方式による家庭授業」に取り組むことにしたのです。

【ホームページコース】 学校のホームページから授業動画を視聴できるようにする。

【タブレットコース】 学校から貸し出したタブレットにUSBを接続して授業動画を視聴できるようにする。

次に協議したのは「学校の心を届ける」取組についてです。この課題についても、教員からさまざまな意見が出されました。

「家庭授業のマニュアルを郵送するとき、担任からのメッセージを同封したい」

「学年のお便りなども配信したらどうか。生徒や保護者に情報が伝われば、少しは心配を和らげられると思う。学年の先生方の思いも伝えていきたい」

「生徒の反応も知りたい。家庭授業の感想などを聞ける方法も検討したい」

「授業動画を視聴したあと、ノートに振り返りを書くようにしたらどうか」

「授業動画の撮影は、教科部会で行うと役割分担ができて教員の負担を軽減できるはずだ」

「授業動画は1コマ完結型にできると、再生順序に関係なく取り組める」

「正しい手洗いなど感染症予防のための動画を作成したい」（養護教諭）

「簡単なストレッチなどの動画を最初に流したい」（保健主事）

「1学年の生徒はまだ先生方の顔がよくわからない。教科担当の先生の自己紹介をお願いしたい」（1学年主任）

こうした意見に基づき、「榛東中方式による家庭授業」の要諦を固め、具体の実践に取りかかるに当たっては、学校を代表して授業を公開した教員だけでなく、できるだけ多くの教員に光をあてることを重視しました。

できるだけ多くの教員に光をあてる

まず、全教員をそれぞれ「全体調整チーム」「ホームページコース対応チーム」「タブレットコース対応チーム」「機器等受け渡し対応チーム」の4つのチームに分けました（これは、授業改革委員会や学校改革員会などの既存の組織を活用せず、特定の教員に業務が偏ることを避けるためでもありました）。

「全体調整チーム」については、4月（臨時休業中）に着任したばかりだった教頭をリーダーに据え、学年主任の固定メンバーで各課題に対応します。教頭に出番をつくり、学年主任とコミュニケーションを図る機会としたわけです。

他の3つのチームについては、リーダーを交替制にしつつ、チームメンバーも固定しないことにしました。これは、不測の状況下において多くの教員がリーダーを経験できるようにするとともに、各チームをそれぞれ経験させることで、改善内容を俯瞰できるようにすることを企図していました。そのようにして浮き彫りになった課題は「全体調整チーム」に伝わるようにし、日々改善が進んでいくという循環をつくっていったのです。

あるときには、新採用教員（教員になってまだ2か月）が、チームリーダーとなり、先輩教員に指示を出す場面もありました。うまく進まず、業務が滞ることもありましたが、メンバー同士でフォローし合いながらリカバリーしていきます。

さらにこの時期は、（動画編集に強い、意外と演技派である、手づくりマスクをつくれるなど、期せずして）先生方の意外な特技を知る機会ともなりました。

こうした取組を通して、「自分のできることを限定しない。他人任せにもしない」とい

資料18　生徒によるアンケートへの回答①

今日の、英語の授業はとっても楽しかったです(*^^*)

自主勉強ノートは、学校で配られた青いノートですか？逆にそれを授業で使いますか？

You are happyを疑問文にする問題で、答えが、Are you Ms.Ogawaになっていて私の答えと違いました。(質問

質問なのですが、be動詞の文に[is]は入らないのですか？また、[cap]は帽子であっていますか？編集(？)お疲れ様です。

you am happy: » Are you Mr.ogawa? では、なぜ小川先生(？)が出てきたのが分かりませんでした。

次の英文を相手にたずねる文に書き換えようの問題の２番Are you happy. をたずねる文に書き換えた時Are you Mr.Ogawa? になるんですか？

先生達の説明がとてもわかりやすく、丁寧で授業の内容が頭にスラスラと入ってきました。この調子で次回も頑張りたいと思います。

ったメンタリティが生まれていったように思います。

また、アンケート機能を利用したことで、家庭授業の１コマごとに生徒の意見や感想を聞くこともできるようになりました（資料18、19）。

授業動画は、生徒が目の前にいない状況下での撮影です。そのため、子供たちの反応を見ながら柔軟に発問や展開を変えることはできません。そうであるがゆえに、かえって平素の授業以上に子供の学ぶ姿をイメージしながら授業を構想するトレーニングともなりました。

加えて「榛東中方式による家庭授業」への挑戦は、先生方の連帯感を強めてくれた

資料19　生徒によるアンケートへの回答②

酸化銀を化学式で表すとどうなりますか？
酸化銀が固体になってから、実験はしていないのにみてる私も面白く感じました。
酸化銀の取り方や方法がとてもよくわかりました。しっかりと覚えられるようにたくさん復習しようと思いました。
実験があったためより理解を深めることができた。また、自主勉方法などを教えてくれたので、どのように自主勉していいのかが分かりより自主勉がしやすくなった。
実際に実験しているところが見られて分かりやすかったです。ノートをまとめられました。
きらきらしているのがわかりました！黒→白に変わるのはおもしろかったです。
延べ棒みないなちゃんとした金属にするにはどうしたらいいのか気になった。
実験で出てきた物体が見えにくいなと思ったら見えやすいようにしてくれたので良かったです。
酸化銀から銀を取り出す方法をしっかり理解することができました。分かりやすい授業ありがとうございました。

ように思います。

次の文章は、当時赴任したばかりだった足達教頭のコメントです。

■教員に光をあてるということ

本校に赴任する前の私は、実践で学ぶとは言いながらも、漠然と、諸活動と研修とは切り離された別物だと捉えていました。しかし、榛東中学校では、すべての活動で、活動のねらいと人材育成とが見事に一致しているといった感じでした。

コロナ禍での全国一斉休校の中、インターネットを活用したリモート学習実現までの取組は、それを如実に表していました。一人一台端末実現前で、ＨＰ経由の動画配信を行ったこともあり、実現には多くの課題がありました。

私が意気揚々と、詳細な計画を職員室に貼り出したときには、周囲の先生方は〝これはいったい何？〟といった様相で、見かねた校長が大まかな計画を伝え、リーダーに細かな指示を与えると、職員は慌ただしく動きはじめました。

報告（情報）はリアルタイムで集まり、課題があれば軌道修正する。小さなＰＤＣＡを繰り返すことを通じて一人一人が役割を自覚し、次第に主体者となって取り組む様子に衝撃を受けました。

翌日には、せっかく軌道に乗りはじめたというのに、リーダーは毎日変えることになりました。その時は〝なぜ、そんなことをするのだろう〟と疑問に思いましたが、後の授業改革の歩みを思えば、これもまた人材育成の仕掛けの一つだったことに気付かされました。

伸びようとしている職員を見いだして光をあてる、役割を与えて主体者意識をもたせる、成功だけが目的ではなく、むしろ過程での取組を評価する。

すべての活動が「かけがえのない未来・人生を実り多いものにする」につながっていました。

足達哲也（元・榛東中学校教頭、現・榛東南小学校長）

子供の学びに学ぶ授業研究スタイル

授業改革の正念場

授業改革は、次のフェーズへと移行しようとしていました。すなわち、「榛東中スタンダードを基にした教員のイメージを主とする授業研究から、生徒の具体的な姿を主にして生徒の学びを捉える授業研究に踏み込む」というフェーズです。

これは本校における授業改革の正念場とも言うべきで、このパラダイムシフトが起きなければ、これまで行ってきたことが道半ばで終わるとさえ考えていました。

生徒の学びを捉える授業研究にしていくには、「話合い活動における生徒一人一人の対話を重視して学び合いを深め、先生方が生徒の具体的な学びを捉える」ことに軸足を置かなければなりません。しかし、ここでも新型コロナウイルス感染症が立ちはだかります。感染症対応として、授業中の対話や話合い活動を制限しなければならなかったからです。

そのため、臨時休業が明けても、教員による説明中心の授業を続けざるを得ませんでした。大型モニターに資料を提示しながら丁寧に説明する授業、タブレット端末に生徒が意見を書き、それを全体に映し出して、教員がまとめていく授業です。あのワチャワチャしていた教室が、すっかり元の静かな教室に戻ってしまったかのようでした。

しかし、授業改革に取り組む以前とは全く異っていたことがあります。そう、先生方と子供たちのメンタリティです。

資料20　学校机飛沫防止ガード

「なんだか懐かしい授業に戻ってしまった感じです」

「授業をやっていても、自分がしゃべっているだけではおもしろくありません」

「生徒も十分な対話ができないので、ストレスが溜まってきています」

こんな声が各所から聞こえてきました。教師の声だけが響き渡る以前の整然とした授業ではだれも満足できなくなっていたのです。

そこで、市販の「学校机飛沫防止ガード」を用意して生徒の机に設置し、生徒同士の話合い活動を再開することにしました（資料20）。ただし、話合い活動を行うことへの期待値の高さが災いして、活動そのものを

資料21　授業研究５つの視点　Ver.2

視点１	めあてを関心や期待、必要感をもって理解したか。
視点２	見通しをもって活動に取り組もうとしているか。
視点３	グループやクラス全体の対話を通して課題解決をしているか。
視点４	めあてを達成したか。
視点５	この時間の学びが自分にとって意味や価値があったと自覚しているか。

目的化（話し合いをすれば、いい授業だと錯覚）してしまうのではないかと怖れた私は、無制限に行うのではなく、生徒が学習を進めていく中で〝ここではどうしても話し合いが必要だ〟という場面を明確にして行うよう伝えました（時間としては10分間までとする）。

10分間では足りないと感じた先生方は、視点を焦点化して話合い活動を取り入れるようになっていきます。具体的には、「［視点3］子供たちは、みんなで課題解決をしようとしているか」の場面にフォーカスし、「［視点4］子供たちは、めあてを達成したか」につなげていくという目的意識を明確にした話合い活動にしていったのです。

この段階で（授業改革の再スタートを切るという意味合いも込めて）、榛東中スタンダードの一部を変更することにしました（資料21）。

「子供にとってどうか」という視点はすでに当たり前になっ

ていたので、すべての視点から「子供たちは」の文言を削除しました。また、［視点3］の「みんなで」を「グループやクラス全体の対話を通して」という具体的な文言に置き変え、互いに見合う参観授業を再開して次の方針を示しました。

●5つの視点すべてを網羅した授業を目指す。
●子供の思考を可視化するタブレット端末を活用する。

変化する授業研究会

「教科の垣根を越えてお互いの授業を見合うこと」を授業改革の第一歩とし、さまざまな実践に取り組んできたことで着実に定着していった一方で、授業研究会における闊達な意見交換については遅々として進んでいませんでした。

当時の授業研究会は、授業者が授業説明を行う、参観者が意見交換を行う、指導主事等が指導・助言を行うといった、いわばオーソドックスな段取りで進めていたのですが、専門教科が異なることもあって、意見を交わすにしてもお互いに遠慮がち。

資料22-1　授業研究会で先生方が学び合う様子①

そこで、次のように改めることにしました。

●話し合うに当たっては、「榛東中スタンダード（授業研究5つの視点）」を基にする。

●最初に各部会でホワイトボードに協議した内容をまとめる。

●全体会でその内容を報告する。

●最後にすべてのホワイトボードを横に並べ、共通点やキーワードを基に、学びの深まりにつながる気付きや残された課題を共有し、次の研究授業につなげる。

このように切り替えたことで、多少なりとも意見交換が活発化していきました（資料22）。

その過程で、次の二つの気付きがありました。

資料22-2　授業研究会で先生方が学び合う様子②

一つは、「進行役がファシリテーターとして振る舞えてこそ協議が活発化する確度が上がる」ということです。

ファシリテートとは、参加者のモチベーションを高め、多様な意見を引き出し、論点を整理して参加者に返すという営みであり、これはまさに生徒たちに対して日々、授業を通じて先生方が行っていることです。そこで、進行役は（段取りどおりに進行することよりも）先生方を対象として授業を行うイメージで、授業研究会をサポートするという役割を明確にしたわけです。

もう一つは、「授業研究会で出された意見や知見が、妥当性・信頼性あるものとする」ということです。

嶋野先生がいつもおっしゃる言葉があります。

それが「子供の学びの事実をもとにして」です。

一見すると当たり前のことのようでいて、協議の場では意外となおざりにされることの多い視点です。なぜなら一般的に、公開授業で先生方が注目しているのは、（「子どもたちがどのように学んでいるか」というよりも）「授業者がどのように授業を進めているか」だからです。それでは、「授業の展開がどうだったか」とか、「発問がどうだったか」などといった、授業者の指導技術ばかり指摘し合う協議になってしまうでしょう。

それでは、やるせないばかりで徒労感の多い授業研究会となるでしょう。だからこそ、そうならないように本校の先生方は（「自分の専門教科ではないから」などと理由を付けて）当たり障りのない感想を言うほかなかったのだとも言えるのです。

では、「授業研究会で出された意見や知見が、妥当性・信頼性あるものとする」というときの、「妥当性・信頼性」は何をもって担保されるのでしょうか。教師による所作でしょうか。そうではないでしょう。（嶋野先生がおっしゃっていたように）「子供の学びの事実」にほかなりません。それをエビデンスとして語り合うから、教科の垣根を越えて先生方の対話が活性化するのです。

このとき、はたと気付かされました。〝私たちはこれまで、どのように公開授業を観ていたのだろうか〟と。

そもそも「授業研究会の場をどうすれば活性化できるか」を考えるよりも先にすべきことがあったのではないか。

授業を参観していても、子どもの姿は目に入っているようでいて、実はちゃんと見えていなかったのではないか。

そう、私たちが本当に見直すべきは、公開授業をどう観るかだったのです。より詳細に言えば、「公開授業を通じて、子供の学びの事実をどう見取るか」だったということです。そして、この見取りを確かなものにしてくれたのが、タブレット端末の活用による生徒の思考の可視化でした。

本章の冒頭でも述べたように、授業改革を進めるなか、授業改革委員会でこんな意見が出されました。

「グループでどんなことが話し合われているのか、授業者はすべて把握することはできない」

何となくずっと頭の中で引っかかり続けていたこの意見がヒントとなりました。

〝ＩＣＴ機器を活用することによって、話合い活動で生徒がどのような対話をしているかを分析できるようにしたら、生徒の学びを深めるための何かが見えてくるのではないか〟という発想に至ったのです。

早速、授業改革委員会で相談をもちかけたところ、「話合い活動における生徒の発話を録音し、それをテキスト化できるのではないか」「AI音声認識スピーカーというのがあるので、生徒の発話を可視化できるのではないか」といった意見が出され、実行に移すことになりました。

結果、話合い活動における生徒の対話を可視化し、それをデータ化して分析することで、生徒の学びの事実に基づいた授業研究会へと変貌していったのです（この取組は、パナソニック教育財団の助成研究として採択され、助成金をもらえることになります）。

子供の学びに学ぶ授業研究

とはいえ、実のところ生徒の発話の可視化は容易なことではありませんでした。

録音したデータの中から発話した生徒を特定することが難しかったこと、文字起こしも思うようにいかなかったこと、発話だけでは生徒の思考を読みとれなかったことなどがその理由です。

そこで、360度WEBカメラを活用して生徒の表情を記録したり、ビデオ会議機能を活用して話合い活動を行う生徒の映像（表情）とAI音声認識スピーカーによる音声をつなげた資料を作成したりしました。

この試みは、研究授業を参観する教員の姿勢を驚くほど変えることになります。実際のところ、どのようなデジタルデータ（記録）を活用してもそれだけでは不十分であり、その不十分さがかえって思わぬ果実をもたらしました。先生方の授業の見方が大きく変わったのです。

デジタルによる記録だけでは見取ることのできない生徒の表情や仕草、生徒同士の関係性などをつぶさに観察しては授業記録（アナログ）を取り、生徒の考えは深まっているか、どんな振り返りを書き、次の学習に対してどのような見通しをもっているかをつかもうとする姿へと変わっていったのです。

当然、授業研究会そのものも変わります。話し合う内容も、生徒の姿を通して生徒の学びを客観的に浮き彫りにすることを軸に据え、教科の垣根を越えて単元づくり、本時の授業づくりについて熱く議論が交わされるようになっていきました。まさに、子供の学びに学ぶ授業研究会となっていったのです（資料23、24）。
こうした経験から、私たちが手にした知見は次のようなものでした。

資料23　子供の学びに学ぶ授業研究会の様子

資料24　授業研究会の流れ（時間：60分、会場：多目的室）

<table>
<tr><th>流れ</th><th>進め方</th><th>留意点等</th></tr>
<tr><td colspan="3">0－1　授業研究会前準備
□　スピーカーの充電　　□　役割の割り振りの確認（下記）　□対話の場面の確認
0－2　授業における授業記録
録音・録画担当⇒Teams の会議を開く前にスピーカーをタブレットに接続する。
Teams の会議を榛東中職員の該当するチャネルで行いレコーディングする。
＊絶対にミュートしない。＊授業が始まったらレコーディングしてください。
10分間の対話の際にグループにスピーカーを置いて、タブレットで様子を撮る。
発話記録担当　⇒10分間の対話を可能な限り書き起こす。
＊ボールペンで記録する。＊発話者Ａ～Ｄを確認しておく。
授業研究会の前に拡大して持参する。
（Ａ4⇒Ａ3⇒半分ずつＡ3　少しずらしてのりしろをつくる⇒くっつける）</td></tr>
<tr><td>1　学びの事実の書き出し
【個人：10分】
＊授業動画をタブレットで見る</td><td>○抽出した生徒の班ごとに、対話10分間の学びの事実を発話記録に書き加える。</td><td>○対話についての教師の主観は入れずに事実を書き出す。</td></tr>
<tr><td>2　学びの事実の確認
【抽出班のグループ：５分】</td><td>○１の活動を基にして生徒の学びの事実を、記録と照らし合わせながら確認する。</td><td>○話は学びの事実の確認に留める。終わらなくても大丈夫です。</td></tr>
<tr><td>3　協議
【授業研究会のグループ：35分】</td><td>○ファシリテーターを中心に話し合いを行う。
○各班の発話記録をホワイトボードに貼る。
○ホワイトボード周辺に集まり立って行う。</td><td>○話の展開は「学びの事実を捉えること」「学びの事実を他の場面とつなげて解釈すること」「学びの事実を一般化して授業づくりに生かすこと」等考えられますがお任せします。</td></tr>
<tr><td>3－1　授業者の気づき</td><td>○授業を振り返り、生徒の事実や協議の内容から気づいたことを伝える。</td><td rowspan="2">この２つについては「3　協議」の話の流れの中で必要になった際に行ってください。
特に時間等の制約は設けません。</td></tr>
<tr><td>3－2　生徒の振り返りの確認</td><td>○協議の中で必要になったときに確認をする。</td></tr>
<tr><td>4　指導助言【10分】</td><td></td><td></td></tr>
</table>

●対話から学ぶ力は、すべての生徒が有している。
●黙っている生徒も考えている。黙っていた生徒の一言が大きな影響をもたらすこともある。
●タブレット端末の有効活用により、自分の意思表示や発話への挑戦が促される。
●話し合いへの教員の介入（たった一言でも）が、生徒同士の対話に影響を与える。
●めあてをつかむ、見通しをもつ段階が、生徒の対話に大きく影響する。
●教員の意図と生徒の学びは必ずしも一致しない。

以後、本校の授業研究は、「生徒の力をどれだけ活かせるかという視点を基に、生徒の学ぶ多様な姿を虚心坦懐に見取り語り合うこと」へと軸足をシフトすることになります。

授業デザインシート構想

このように授業研究の様子が変わったあたりから、「授業をデザインする」という言葉が頻繁に使われるようになり、次に挙げる二つの方向性が掲げられました。

●「授業デザイン→授業実践→授業研究会」の授業研究サイクルを確立する。
●生徒の発話、微妙な表情の変化、姿勢に着目し、年に数回、授業研究サイクルを回しながら、子供が学びをどのように深めていくかを研究する。

具体的には、次に挙げる取組をいっそう推進することとしました。

●授業者の想いとともに、生徒の学ぶ姿をイメージした授業をデザインする。
●代表授業では、生徒の発話を中心に学びの深まりを分析しながら参観する。
●「生徒は生き生きと取り組んでいた」「活発に発言し、ねらいが達成できた」などの曖昧な印象で協議する授業研究会から、生徒の具体的な姿や発話、表現した物などの事実から生徒の学びを分析する授業研究会を行い、知見や課題を見いだす。

このころ私たちが必要としていたのが、新たな学習指導案でした。教師が、「どのような内容」を「どのような手続き」で本時の授業を展開していくのかといった従来型から、

資料25　授業デザインシート（「展開」部分の枠組み、各視点ごとの時間は目安）

	視点1（5分）	視点2（5分）	視点3（15分）	視点4（20分）	視点5（5分）
主な学習活動					
発話					
生徒の意識					
教師の手立て関わり					

主語を子供に置き替える学習指導案です。そのためには、生徒の学ぶ姿をよりいっそう明確にすることが必要であり、併せて教員の想いや願いも表現できるものにしなければなりません。

そこで、本件については、授業改革コーディネーター（研修主任兼務）に委ねることにしました。このころになると、授業改革委員会におけるすべての案件について授業改革コーディネーターが中心となって推進するようになっていたからです。

すると、授業改革委員会から原案が示され、その次の委員会の開催時にはすでに完成していました。考案された学習指導案は「授業デザインシート」と命名されました（授業デザインシートのうち、特徴的な「展開」部分の枠組みは**資料25**、実際に書き込まれたものは**資料26**を参照）。

3　単元の目標と活動計画及び教師の手立て

	目　標	学習評価の観点
知識・技能	経済の世界的な混乱と社会的問題の発生、中国などのアジア諸国との関係、欧米の動きなどを基に、軍部台頭から再び戦争が起こった経緯について理解させる。	経済の世界的な混乱と社会的問題の発生、中国などのアジア諸国との関係、欧米の動きなどを基に、軍部台頭から再び戦争が起こった経緯について理解している。
思考・判断・表現	経済の変化の政治への影響、戦争に向かう時期の社会や生活の変化、世界の動きと我が国との関連などに着目して、事象を相互に関連付け、日本のターニングポイントを多面的・多角的に考察し、表現させる。	経済の変化の政治への影響、戦争に向かう時期の社会や生活の変化、世界の動きと我が国との関連などに着目して、事象を相互に関連付け、日本のターニングポイントを多面的・多角的に考察し、表現している。
主体的に学習に取り組む態度	第一次世界大戦前後の国際情勢や、それぞれの国の立場や思惑、日本がどうして参戦の道を歩んだのかを主体的に追究、解決しようとする態度を身につけさせる。	第一次世界大戦前後の国際情勢や、それぞれの国の立場や思惑、日本がどうして参戦の道を歩んだのかを主体的に追究、解決しようとしている。

時間	過程	主な学習活動	おおむね満足できる状況にある生徒の姿	手立て（間接的指導を含む）
1	追求する	世界恐慌の概要と諸外国の対応について理解し、その対応策をランキング形式で話し合う。	資本主義経済のしくみを現代と比較して考え、自分の意見を述べている。	現代の経済政策に関するニュース記事を取り上げ、身近な問題として捉えさせる。
2		イタリアとドイツで台頭してきたファシズムの実態について理解する。	ファシズムの台頭の様子について理解している。	ヒトラーの負の功績に触れ、それにも関わらず民衆から多くの支持を得ていたというズレについて考えさせる。
3		世界恐慌の日本への影響と、政党政治の行き詰まりについて、資料から考察し、表現する。	政党内閣が信頼を失っていった理由を考察し、表現している。	政治的内容は用語等も難しいので、実際の新聞記事や写真資料を活用し、読み取らせる。
4		満州事変から国際連盟脱退までの経緯を理解し、軍部の主張や国民生活を捉え、表現する。	新聞記事の見出しや内容に、自分なりに考察した日本の進むべき道について表現している。	この時代の世論の形成に欠かせなかった新聞づくりを行うことで、当時のさまざまな立場での意見を想像させる。
5		日本の中国侵略の実態とそれに対する中国民衆の動きや国内の状況を、資料を通して理解する。	日中戦争の経緯や国民生活が統制された状況を理解している。	ステップチャートを用い、第一次世界大戦前後から日中戦争勃発までの出来事から戦争につながったと考えられるものを挙げる。
6		日本が戦争に突入したターニングポイントについての話し合いを経て、自分なりに「この時代」を捉え表現する。	“この時代”について自分なりに捉えたことを表現している。	ターニングポイントと考えた事象をコラボノートにまとめておく。（個人）

資料26-1　授業デザインシート（１～２頁目）

社会科（歴史的分野）授業デザインシート

日　時　　令和３年６月８日（火）　第５校時
指導者　　宮下　麻梨絵

１　単元名

「二度の世界大戦と日本」

２　本単元に込めた教師の願い

（1）本単元に至るまでの生徒の学びに関する気づき

歴史的分野の学習は、ややもすると起こった出来事の理解にとどまりがちである。教師も起きた事実をただ追ってしまうような授業展開に陥りやすい。授業の中においても、生徒から「そのあとどうなったのですか？」と、起こった事実のみを知りたがる姿がみられた。答えを言ってしまえば簡単だが、立ち止まり、歴史を一緒に考え直すような学習を積み重ねることで、“今”とのつながりを感じられるような授業デザインを目指したい。また、生徒は歴史的事象をどうしても日本目線で捉えがちである。本単元では、そのとき他国は日本のことをどう見ていたか考えたり、国際的に日本の行動がどのように評価されていたのか考えたりすることで、世界の動きとの関連を一層重視していきたい。

起きた事実は１つであっても、その起こった事象だけでなく、なぜ起きたのかという背景やそのときのさまざまな立場の人々の思いを考えたり、ちがう方向に進んでいたらこうなっていたかも…と考えを深めたりし、その時代に思いを馳せることで、過去のこと＝他人ごとではなく、過去があるから今がある＝自分ごととして考えを深めていきたい。

（2）単元の概要と単元のよさ（学習指導要領との関わり）

本単元は、学習指導要領C 近現代の日本と世界（１）近代の日本と世界　イ（ア）にある「戦争に向かう時期の社会や生活の変化」、「世界の動きと我が国との関連」などに着目して、単元を貫く課題を設定することで、社会的事象の歴史的な見方・考え方を働かせて、その課題について、多面的・多角的に考察、表現するようにすることを目指す。

19 世紀頃から20 世紀前半頃は、欧米諸国やアジア諸国の情勢の影響を受けながら、政治・経済・外交関係が変化し、戦争に突入していった時代である。第一次世界大戦後、世界や日本は国際協調と世界平和の実現に努めたが、世界中に広がった恐慌などをきっかけに、第二次世界大戦を避けられない状況となってしまった。日本では軍部が台頭して日中戦争が長期化し、平和な生活から戦時体制へと社会や国民生活は大きく変化していった。二度の世界大戦は、世界中の人を巻き込んだ総力戦であり、新しい武器の実験場でもあった。小学校までの学習によって、すでに定着している世界大戦への負のイメージ（辛い、ひもじい、恐怖、被爆国、敗戦国など）を活用して、「なぜそのような恐ろしい戦争を再びせざるを得なかったのか？」という疑問や問いをより切実なものとし、本単元を通して追究していく。そして、戦争というものが国民生活を大きく変化させることや人類全体に大きな惨禍を及ぼすこと、現代の国際平和のあり方を考え直すきっかけとしていきたい。

ポイントは何だったかを話合う活動を通して、自分なりの考えをもち表現しながら、時代の特色を捉

点3（15分） 体の対話を通して、課題 としているか	視点4（20分） めあてを達成したか	視点5（5分） この時間の学びが自分にとって意味や価値があったと自覚しているか
4人程度）にし、それぞシートを持ち寄り、考えたり、違う角度から考える。	○対話で生まれたキーワードや生徒の発言をもとに、全体で共有する。 ○近代の日本と世界を大観し、戦争に向かっていたこの時期について感じた自分なりの言葉でまとめる。	○振り返りをする。
えたターニングポイントを聴き合おう。そのあと、着目し、考えを深めよう」	「みんなからみた“この時代”とはどのような時代だったのだろう。自分の言葉でまとめましょう」	「振り返りましょう」
各国が自国優先になり、ことしか考える余裕がなら。 恐慌をきっかけに満州へめざるを得なかったことながったのでは？ 退…平和を目指す組織かし、このあと孤立して に勝手なことをする国に裁できなかったことが戦ったのでは？ 件…政党政治が終わり、が増えたから。 条約が結ばれたが、日本利な内容が多く、軍部のたことが戦争につながっ	・ターニングポイントと考えられる出来事はたくさんあるな。 ・1つにしぼるのは難しい。 ・さまざまな出来事が関連し合っているな。 ・友達の意見を参考にして考え直してみよう。 ↓ ・日本が戦争突入に向かっていた時代はどんな時代だといえるだろう。	・日本の開戦がこのあとの歴史にどう関わるのだろう。 ・現代と通じる部分があるな。 ・この中の出来事がちがっていたら、“今”が変わっていたかもしれない。
がら「ゆさぶり」をし、対話になるよう喚起す 和を目指して作られたたの？」 指していたのになぜ戦	時間を確保し、ターニングポイントの話し合いを経て見えてきたこの時期をどのような時代と捉えたのか自分なりの言葉でまとめる。タブレットや発表等で友達の考えに触れる時間をとる。	指示は与えず、自由に記述する。

資料26-2　授業デザインシート（3～4頁目）

4　本時の展開（6 時間目/全6時間）

（1） ねらい　戦争が起こるまでの諸国間の関連性や出来事の流れを根拠に、戦争へのターニング
えたり現代とのつながりを感じたりする。

（2） 展　開

	視点1（5分） めあてを関心や期待、必要感をもって理解したか	視点2（5分） 見通しをもって活動に取り組もうとしているか	視 グループや全 解決をしようと
主な学習活動	○日米の国力比較”の資料を全体で読み取り、戦争へのターニングポイントを考える意欲を高める。 ○本時のめあてをつかむために、コラボノートにまとめたシートをいくつか比較する。	○戦争への“ターニングポイントを他の人の意見も聞きながら考えるという見通しをもつ。 ○ターニングポイントとした理由をお互いに聞き合うことの必要性を感じる。	○グループ（ れまとめた を聴き合っ 合ったりす
発話	「こんなにも国力の差があったのに、日本はなぜ戦争に踏み切ったのだろう」	「理由の部分を比較してみよう」	「みんなが考え について考え 理由の部分に
生徒の意識	・同じ出来事を取り上げていても、理由がちがうな。なぜそう考えたのだろう？ ・友達は何をターニングポイントにしたのだろう。 ・いよいよ友達の考えを知れるぞ。 ・日本が戦争に突入することになったターニングポイントについて考えるんだ。	・どの項目でも日本はアメリカに劣っていたのだな。 ・特に資源の面で、日本はきつそうだな。 ・当時の人はどんな思いだったのだろう。 ・戦力の差はこんなにあったのに、なぜ開戦に踏み切ったのだろう。	・世界恐慌… 自分の国の くなったか →日本も昭和 の支配を強 が戦争につ ・国際連盟脱 ら自ら脱退 いったから。 →日本のよう 対し武力制 争につなが ・五・一五事 軍人の首相 →多くの軍縮 にとって不 不満を高め たのでは？
教師の手立て関わり	ターニングポイントへの見方や考え方に違いがありそうだということをつかみ、生徒に本時の必要感をもてるようにする。本時に至るまで友達のシートは見られない状態にしておく。	アメリカの方が資源などの面で戦力が明らかに上回っていた事実を突きつけ、それでもなぜ開戦に踏み切ったのかと改めて当時を俯瞰的にみられるようにする。	机間巡視しな より主体的な る。 「国際連盟は平 のではなかっ 「民主主義を目 争？」

次の文章は、「授業デザインシート」構想に携わった新井先生のコメントです。

■授業デザインシート

授業改革委員会に所属していたころ、「毎週準備もあってたいへんだね」などと周りの先生によく言われていました。しかし私は、授業の話ができることや自分でやりたいことができることが楽しかったので、「苦労」とはあまり感じていませんでした。

委員会をすべて任された当初は、提案が弱く議論にならなかったものの、次第に話し合いの質も上がってきて、終わらない、時間が足りないこともありました。授業改革委員会の中で話が終わらないというのは、「苦労」でもあり「喜び」でもありました。

そんなある日、学習指導案の形式を変えていくという宿題をいただきました。子供の意識が前面に出るので、よくなる実感があり、原案づくりが楽しかったことを覚えています。

「榛東中デザインシート」が生まれたことで、自然と子供に向かい、照らし合わせながら授業を観るようになり、授業のポイントも捉えやすくなったと思います。

ただし、これは「榛東中スタンダード（授業研究5つの視点）」というベースがある上でのことなので、榛東中の授業改革の蓄積の中にあるものだと思っています。
子供の意識を大切にして授業デザインを行ううえで、榛東中スタンダードの役割がやはり大きかったと思います。

新井英雄（元・榛東中学校教諭、現・群馬大学共同教育学部附属中学校教諭）

活用・探究型授業の本丸

授業デザインシートに基づく「子供の学びに学ぶ授業研究」という屋台骨ができあがったことで、本校の授業改革はいったん軌道に乗ったと言えます。今後の課題は、その継続性です。たとえ校長である私や授業改革委員会のメンバーが異動になった後も、さらなる授業の充実を目指して研究し続けていけるかです。

そう考えた私は、次の事柄に手を付けることにしました。

●「何をするのか」と「何をしないのか」を峻別する。

●授業改革の手応えと今後の方向を共有する。

「何をしないのか」は明快です。「校長である私が口出ししない」ことです（これまでは、細かいことでもよく口出ししていました）。

職員会議の場でも私が口出しをするのは、協議が難航してしまったときと、校長が決定しなければならない事柄に限定することにしました。加えて、学校改革委員会では教頭に、授業改革員会では授業改革コーディネーターに任せ、私の発言を減らしていきました（と思っていたのは私だけかもしれませんが…）。

次は「何をするのか」です。

●授業を通じて驚くような生徒の考えを引き出し、子供の成長を感じ、ワクワク感のある授業を生徒と教員で共感したい。

●授業改革で取り組んできた活用・探究型の授業の本丸は、総合的な学習の時間。学級ごとにテーマを決めて行う総合的な学習の時間に挑戦したい（学級総合への挑戦）。

そこで、次に挙げる授業を求めたいと考えました。

①棒東中スタンダード（授業研究5つの視点）のすべてを網羅する。
②対話の時間が十分確保され、振り返りで終える（学びの好循環がある）。
③生徒の多様な思考を引き出し、その可視化のためにタブレット端末を活用する。
④［視点3］と［視点4］をテーマとする、対話的・協働的な学びがある。
⑤教員の願いを明確に表現した「授業デザインシート」にする。
⑥単位時間の授業から単元全体の構想に基づく授業の追求へと意識を変える。

⑦タブレット端末活用と並行して、生徒の発話を基にした板書を充実する。

こうした授業観に基づいて代表授業を行ってもらうとしたら誰が適任か。右に挙げた①～⑤の条件を満たす教員は複数いましたが、今回はそれらに加えて⑥と⑦を体現した授業を先生方に参観してもらいたいと考え、最終的に宮下先生に引き受けてもらうことにしました。

本校は、「ICT活用促進プロジェクト拠点校」（群馬県教育委員会指定実践推進校）に指定されており、当日の代表授業には、本校の教員だけでなく近隣地域の教員、行政関係者80名に参観してもらえる機会となりました（教科は社会科で、ねらいは「戦争へのターニングポイントを考えよう」という授業。本時の具体は**資料26**を参照）。指導・講評を担っていただくのは、もちろん嶋野道弘先生です。

授業本番、班ごとの話合い活動でも、クラス全体で話し合う場面でも、生徒たちは自信をもって自分の意見を言い合います。授業終末の振り返りでは、静謐な時が流れました。その授業は、参観者である私たちはもとより、授業者の想像をも超える感動的なものでした。

この代表授業の余韻が残る数日後、彼女には「授業改革アドバイザー」を担ってもらうことにしました。これは新たに設けたものであり、「授業改革コーディネーター」の補佐役となって授業改革を推進する」「授業に関する教員の相談に乗り、一緒に悩み、考える」のが役目です。

次の文章は、この代表授業を行ってくれた宮下先生のコメントです。

■授業をデザインするということ

歴史的分野は教えるのがとても難しいです。というよりも、考えさせるのが難しいというほうが正しいかもしれません。どうしても過去の事実の理解にとどまりがちだからです。そこで、「なぜ、そういったことが起きたのか」ということは、現在を考えることでもあると、常日頃から生徒たちに伝えてきました。

授業で使用する思考ツールについては、まとめ方も自分たちで選択し、自分の思考に一番近い形をつくり出してもらおうと考えました。生徒たちは黙々と自分のシートづくりをしていました。なんでこうなったのかなと友達と話しながら、指示しなくても資料集やタブレットで気になることを調べ、生徒同士で対話がはじまっていたと思います。

代表授業では、前時までにコラボノートでシートもつくっていて（友達のシートは当日まで非公開の状態）、早くほかの人の意見が知りたい、自分の意見を言いたいという状態だったと思います。当日の生徒たちは、やっとこのことについて話せるという想いが強かったので、私も生徒に委ねる気持ちで授業を行いました。

授業後は、とにかく早く生徒の振り返りを読みたい！という気持ちでした。生徒の振り返りをみて、自分自身もこの授業、この単元の目指すところが、どこまで達成できたかということがわかると思っていたからです。


宮下麻梨絵（元・榛東中学校教諭、現・高崎市立北部小学校教諭）

この代表授業については後日、富山県富山市立堀川小学校で行われた講演で、嶋野道弘先生が、次のように取り上げてくれました。

■授業をするということ（抜粋）

一人一人の存在が際立った授業の例を紹介しましょう。

中学生、社会科の振り返りシートです。「日本が戦争に突入したターニングポイントを考えよう」というのが、この時間のねらいでした。

『この時代を見てきて、条約破棄、国際連盟脱退などがあり、A君が言うように…そしてH君が言ったように…』

このように、この教室では振り返りシートにクラスメートの名前がどんどん出てきます。一人一人の存在を認める教室の空気ができています。

別の生徒は、「一人一人がターニングポイントを見つけて、発表し、話し合った結果はとても楽しく、より深くこの時代を考えることができた。違う人の意見の中には、一つの出来事がいろいろなところに結びついていたりするという意見があり、自分の意見に合わせるとおもしろく、自然と納得のいく結果で楽しかったです」と書いています。

これも味わい深い文章です。自分と違う人の意見を認めて、それを自分の意見につなぎ合わせて思考を深めています。そして「おもしろく、自然と納得がいく、楽しかった」で結んでいます。

生徒の振り返りを通して、授業の実際場面を想像してみてください。一人一人の存在が際立つ授業だったことがイメージできるのではないでしょうか。

ところで、授業者である教師はどう思ったのでしょう。『思ったようにいかなかった』『もうちょっと工夫すればよかった』と自省しているかもしれません。授業は〝天井知らずの世界〟ですから、それも有り得ることです。仮にそうであっても、この振り返りを読めば、「生徒はこのように受け止めてくれた」と喜びを感じると思います。

そのように感じて自己肯定をしてほしいですね。

〝自ら学び、互いに高め合う姿〟とは、他者とのやりとりを通じて思いや情報、考えなどを共有し、相互理解や認識を深めたり、合意を形成したり、共に実践したりする姿でしょう。

生徒はこういう学び方をとても歓迎します。

嶋野道弘

学級総合への挑戦

学級総合への挑戦。これが本校における授業改革の集大成のようなもので、真の活用・探究型授業の本丸です。予測困難で先行き不透明な時代を生きていくことになる子供たちに必要な学びとなるからです。とはいえ、（これまで本校で取り組んできた学年総合を）学級総合にしていくことは本当にむずかしい。そう簡単にいくものではありません。

ヒントにしたのは、川の掃除で悪戦苦闘する、ミツバチを飼育してはちみつを売りだすなどといった、全国の特色ある学級単位の総合的な学習の時間の実践です（嶋野道弘先生から示唆してもらいました）。

しかし、生徒が主体となって企画・運営した体育大会をはじめとして、これまで学習者主体の学習に取り組んできた子供たちと先生方です。未知に挑戦しようとする気概と機運は双方に生まれていました。

加えて、臨時休業中に実践した「榛東中方式による家庭授業」づくりが功を奏したように思います。私たち教員が、率先して問題解決的な活動を発展的に繰り返し、物事の本質を探りながら見極める学びの重要性や必要性を実感する機会となったからです。

令和5・6年度、本校は、文部科学省教育課程実践検証協力校事業において、総合的な学習の時間の研究指定を受けるにいたります。

次の文章は学級総合にチャレンジしてきた小森谷先生のコメントです。

■学級単位の総合的な学習の時間（代表授業）

榛東中に赴任して1年目、職員全体で「授業を変えていこう」「授業をよくしていこう」と取り組んでいることに本当に驚きました。また、これまでの指導案検討や授業研究会は教科ごとに分けられることが多く、「自分だったらこうするけれど、この教科の場合はこれが普通なのか？」とはじめから決めつけて臨んでいました。

榛東中は、「榛東中スタンダード」を全職員で実践しているため、他教科の授業であろうと観る視点がしっかりしていたので、とても意味のある研修ができるなと感じていました。

学級単位の総合の授業で感じていたことは、「生徒が必要感をもって自分たちで考えて行動する」そんな場面をたくさん見ることができるし、普段見られない生徒の輝く一面を見ることもできるということです。

例えば、人前に出て発表することが苦手な子が、高齢者のためにオンラインでストレッチを一緒にすることに挑戦しました。その様子を見たクラスの子たちが、「○○さん、すげー！」「これは、すごく人の役にたったね」と賞賛されたのです。

友達のよさを知ったり、苦手なことにチャレンジする姿をみんなで応援したりするという場面がいつの間にかできていて、学級単位の総合的な学習の時間は、生徒の成長にも学級経営にも大きく影響すると感じました。

小森谷江里子（榛東中学校教諭）

最後に残された課題

―［視点4］「まとめ」の文言に挑戦

ある日、嶋野道弘先生から問われます。

「榛東中スタンダードの『［視点4］めあてを達成したか』をもう少し工夫できるのではないですか？」

［視点4］は、教員による適切な指導に基づき、生徒が自分の考えを言語化し、かつその内容が［視点1］で定めためあてと整合していることが必要です。実は、これがたいへんむずかしく、［視点4］を具体の形にすることに関しては、ずっとあいまいなままにしていました。その点を嶋野先生に突かれたのです。

そこで私たちは、授業改革の最後のピースとも言うべき課題と向き合うことにし、［視点4］については、次のように補足する形で読み替えることにしました。

［視点4］めあてと整合性のあるまとめにたどりつけたか。

文末表現を「たどりつけたか」としたのは、「かけがえのない未来・人生を実り多いものにする学校」をフィロソフィーとして掲げた本校において、先生方が授業改革に邁進してきた道のりと、日々の学習にワチャワチャ取り組んでくれた生徒たちの道のりを考えてのことでした。

＊

さて、本章もいよいよ大詰めです。

次頁より紹介するのは、本校の授業改革と出合い、ときに面くらい、ときに悩み、少しずつ手応えを感じながら、試行錯誤を繰り返し続けてくれた先生方から寄せられたコメントです。

校長としての任期を終え、榛東村教育委員会の教育長を務め終えた今、改めて先生方から寄せられたコメントを読んでいると、〝一口に授業改革と言っても、教員それぞれに受けとめや課題も異なる。そこには本当にさまざまな思いや悩み、葛藤、達成感があったのだな〟と今さらながらに感じます。

〈参考文献〉
●白水始著『対話力』東洋館出版社、2020年
●大木浩士著『博報堂流・対話型授業のつくり方』東洋館出版社、2020年
●鹿毛雅治著『授業という営み―子どもとともに「主体的に学ぶ場」を創る―』教育出版、2019年
●妹尾昌俊著『思いのない学校、思いだけの学校、思いを実現する学校』学事出版、2017年

（青木　芳弘）

授業改革が、先生方の学びにもたらしたもの

■試行錯誤の授業づくり

試行錯誤しながら「学び合い」を生み出す授業を行ったところ、普段は授業の感想など言いに来ない生徒から、「今日の授業は楽しかった」「また、こういう授業をしたい」などの意見を授業の直後に受けました。何年も教員をやっていても、すぐにこのような反応を受けることはなかったので、感動したことを覚えています。

また同じ体験をしたいと考えて、トライするのですが、思うほどうまくいきません。えっ！と思って「他の先生の授業をみたり」「『学びの哲学』を読み返したり」「嶋野先生の講話資料を引っぱり出したり」して、試行錯誤を繰り返しました。

「授業改革に終わりはないな」と先生方と一緒に愚痴を言いながら、思うようにいかない自分を慰め、奮い立たせていました。

里見先生が、「青木校長は、強引なところはあるけれど、授業改革に関することについて、明確に方向性を出せるところはすごい。だから、少々不満はあっても、納得できる部分があるから取り組める」ということを話していました。

そんな風に思っていたんだと感じ、見直しました。実際、彼女が一番多くの代表授業をしていました。

周りの先生方の成長を感じながら、自分も頑張れたのは、榛東中の授業改革で多くのことを学び、感動する場面に出会えたからだと思います。

畠中保忠（黎明期の授業改革コーディネーター）

■授業研究5つの視点

5つの視点に基づいた授業を常に意識するようになったことで、教師の役割を理解し、生徒が主体の授業になっていきました。

導入では、生徒が課題を見付けるようにするため、生徒の考えを拾い、つなげてまとめあげることに心がけました。また、自分自身がわくわくする授業を考案できるまで考え続け、その授業のイメージをデザインシートに書き起こして自分の思考を整理したことが自信になったと感じています。

抽出班の発話記録を手書きでとる経験から、生徒のつぶやきや表情などの細かな変化に敏感になり、より多くの情報を拾うことができるようになりました。また、生徒の言葉を教師が言い換えてしまうと若干ニュアンスが代わってしまうことを感じ、生徒の生の言葉を大切にするようにしました。

授業研究を通して、自分の授業に対する意見をいただくことや、他の先生の授業を参観して協議することを繰り返したことで、授業の見方がなんとなくつかめるようになり、他教科の先生の視点を取り入れることで多角的な見方・考え方ができるようになったと思います。

その後、単元構想に力を入れることで、学習につながりをもたせられるようになり、単元を貫く探究の授業を確保でき、主体的な学びにつながっていきました。また、先の見通しがもて、学習評価や授業準備が楽にできるようにもなったと思います。

里見まどか（タブレット端末の有用性を示す代表授業者）

■授業力向上を阻んでいた思い込み

授業改革を通して、自分の授業力のなさを実感しました。とくに、生徒の振り返りは、自分を大きく成長させてくれました。

「この生徒はだめだ」「学力が低い」などとできないことを生徒に原因があるかのように決め付けてしまっていたところがありました。しかし、本当の原因は、自分の授業はしっかり教えていると思い込み、授業ができたつもりでいたことでした。

嶋野道弘先生は授業がはじまると、いつも教室の前から生徒を見ていました。それを真似して生徒の表情に注目してみると、生徒が惹き付けられる様子や、また逆に全然心が動いていない様子等がわかるようになりました。

また、パナソニック教育財団の研究とも相乗効果が高く、発話の全くない生徒は授業に参加していないと考えていたのに、研究を通してそのような生徒も授業に参加していたこともわかりました。

生徒が悪いわけではない。どんな生徒であっても、教師の授業次第で生徒の能力を引き出してあげることができる。そのことが自分の授業を考える大きな原動力となっていきました。

榛東中の授業改革により、生徒一人一人を大切に考えた授業を、少しは組み立てられるようになったように思います。しかし、まだまだ目指す授業には到達していません。授業は青天井と言われる意味がわかるようになりました。

野口賢太郎（5つの視点のイメージをもたらした代表授業者）

■生徒主体の授業

榛東中学校の授業改革を通して、「生徒主体で授業をするほうが、生徒にとっても教員にとっても学びが深まる」ということに気付かされました。

数学の授業では、予想しなかったような解き方を生徒がすることもあります。これまでの私は、「生徒の考え方を理解できなかったらどうしよう」「もし、生徒の発表が間違っていたら、うまくまとめられるだろうか」と不安に思ったり、自分の考えている範囲で授業が終わればいいなと消極的に考えたりしていました。そして、生徒が説明しても周りの生徒に伝わらなかった時は、すぐに私が代わりに付け足し、説明をしてしまっていました。

しかし、生徒が考え、自ら気付くことに意味があり、そのことで生徒の学びが深まったり、生徒が主体的に考えたりするということに気付くことができてからは、「なんでそう思ったの?」「どのように考えたの?」「他の子はどう思う?」と問うことができるようになりました。

その中で、「あぁそういうことか!」「なんて説明すれば伝わるかな、じゃあ例えば…」という声が聞こえるようになりました。

教師が、すぐに手を差し伸べて「教える」ことは簡単ですが、それでは生徒の思考や可能性を止めてしまうと思っています。

橋本知侑（型どおりの道徳を覆した代表授業者）

■苦しさや楽しさを生徒と分かち合う

榛東中では、学校全体で課題を見付け、よりよくするための解決策を見付けるということを、常に子供が主体となって行っていました。自分の授業だけでなく、他の教科すべての授業がそうで、委員会活動、体育大会やその他の行事も含め学校での活動すべて子供が主体でした。

「うまくいかない、悩んでも頑張っても解決しない、どうすればよいかわからない」の繰り返しでした。とても苦しい経験を、教師と子供で共有できていたことが、「上手にすることではなく、自分たちで考えることが大切なんだ」という成長につながったのだと思います。

そして、「何が課題でどうすればよりよくなるか」という方向性が教師も子供も同じだったので、一方通行ではない感じが、授業はもちろんどの活動の場面でも学校生活全体で感じられました。

1年間かけて課題に取り組んだ「学級総合の授業」は印象的でした。何もテーマがない、ゼロから活動を探すところからはじめたので毎回手探り状態でした。1週間、総合のことを考えて、授業が終わったら、また1週間、総合の授業のことを考える、そんな時間を過ごしていたので、苦しさや楽しさを生徒と分かち合っていました。


五十嵐愛力（2回連続の道徳の代表授業者）

■生徒の振り返りがもたらしてくれたこと

授業研究5つの視点（榛東中スタンダード）を基にした授業研究で、「視点5」の子供たちが書いた「振り返り」の捉え方が、自分の授業に大きく影響しました。きっかけは、嶋野道弘先生がはじめて榛東中にいらっしゃったときの研究授業でした。

嶋野先生は、研究授業が終わるとすぐに「子供たちの振り返りを見せてほしい」と言われ、校長室に持参すると、すぐに目を通しはじめました。嶋野先生の講評では、「振り返りの中には、子供たちが自己認識・自己発見・努力調整しようとしている言葉が現れてくる」と言われ、非常に感銘を受けました。

その後、自分の授業でも、子供たちが書いた「振り返り」の文言を注視し、解釈するように心がけました。続けていく中で、「こういう言葉が、多くの生徒の振り返りから出てくるような授業がしたい」と考えるようになりました。その思いから授業をデザインしていくと、めあてや見通し、学び合い、まとめといったそれぞれの視点同士のつながりや整合性にも目を向けられるようになっていきました。

生徒の「振り返り」が、自分の授業をさらに充実していくきっかけとなったのです。

榛東中学校における授業改革は、授業づくりに大きな変化をもたらしてくれ、非常に価値のある時間だったと思っています。


武尾暁（授業研究5つの視点を推進した研修主任）

■生徒が学習内容をどう学ぶか

自分の授業は、初任者のころに学んだ「導入・展開・まとめ」をもとに構想していました。今こうして振り返ると、「たった三つの流れ」という程度の認識でしかなかったように思います。自分が学生のころに受けた授業の流れを何となく踏襲し、学習指導要領などを参考に、いかにして学習内容を終わらせるか、という意識が強かったのです。

しかし、榛東中学校での授業改革を経て、明確に指導観が変わったと思います。

榛東中スタンダードをもとに、生徒の姿を想像しながら授業を組み立てることが当たり前になっていきました。さらに、榛東中としては初の試みとなった生徒主体の体育大会を経験し、学校の主役は子供たちなんだと改めて強く感じました。それが授業づくりにも大きく影響していると思います。

「教師が学習内容をどのように教えるか」という視点も大事ですが、「生徒が学習内容をどのように学ぶか」という考えのもと、授業をつくるようになりました。榛東中のスタンダードである5つの視点の一つ一つの意味や価値、必要性そして繋がりをより深く考えるようになったと思います。

以前と比べて、自分の授業がどれほど改善されたかわかりませんが、少しずつ成長していると感じることもあります。それを糧にして、自分なりの授業を今後も模索していきたいと考えています。

髙橋詩音（生徒主体の体育大会の担当者）

■意味のある授業研究

「榛東中スタンダード（5つの視点）」を全職員で実践しているため、他教科の授業であろうと見る視点がしっかりしていたので、とても意味のある授業研究ができるなと感じています。その中で、自分が大きく変化したものは3つあります。

1つ目は、単元を常に意識して授業を進められるようになったことです。これまでは、いつのまにか単元のねらいからずれてしまっていることがありました。単元を終わらせることに精一杯で、生徒のことより、いかに一単位時間の授業をスムーズに流していくかに重点を置いていたからだと思います。

2つ目は、生徒の思考を中心に授業を構成できるようになったことです。「榛東中スタンダード（5つの視点）」や、「授業デザインシート」があったことにより、「この発問をしたら、生徒はどう考えるだろう」「この活動をしたら、どんな反応をするだろう」と常に考えるようになりました。

3つ目は、授業の見方ががらりと変わったことです。生徒の姿や、対話を分析したことにより、いかに生徒の表情、うなずき、対話の内容、沈黙等が大切なのかがわかりました。授業を観るときもそうですが、自分が授業をするときも、これらのことを意識して授業ができるようになってきたと思います。

小森谷江里子（学級単位の総合的な学習の時間の代表授業者）

■新しいことへのチャレンジが成長につながる

榛東中に赴任した際に最初に渡されたのが「授業改革ガイドブック」でした。赴任した1年目は授業改革委員会に所属していませんでしたので、どちらかというとトップダウン的な受け止めで、授業として行うべきことを実行していたように思います。ただその研究授業は、やらなければいけないからやるのではなく、目的や継続性をもって行われているのだなと感じ、自分も研究授業に挑戦したいと興味をもちました。

赴任して2年目は、一人一台端末の整備という大きな変化がありました。タブレットがどう授業によりよく使われていくかという関心と、よりよく使っていかなければならないという責任もありました。

周囲の仲間に聞いてみると、なかなか榛東中のような環境は整っていなかったので、0から1を生み出せるような感覚がありました。今ないものを創り出すというのはなかなか経験できることではないですし、一番やり甲斐のあることだと思います。「榛東中方式による家庭授業」もその1つだと思います。「生みの楽しみ」が感じられた環境が、自分を成長させてくれると思いました。

教員って割と自分からチャレンジをしようとは思わないですし、普通にしていると、そのままそれなりで終わってしまうかなとも思いはじめていたので、頑張りたいなと思いました。

新井英雄（授業デザインシートを考案した授業改革コーディネーター）

■単元を通した「生徒の学ぶ姿」

これまでは、授業をデザインする際に、教師（自分）の手立てを一生懸命に考え、きれいにまとめまでもっていこうと、そればかりを考えていたように思います。榛東中の授業改革を通して、生徒と一緒に授業をつくっているなと感じることができ、その楽しさを生徒から教えてもらった気がします。

ワチャワチャと子供が話しはじめたら、以前なら、静かにさせて、もう一度自分の話に注目させていたかもしれません。でも、今はワチャワチャした姿に（よし！　子供たちで勝手に話しはじめたぞ）と心の中でガッツポーズ…みたいなこともあるくらいに変わったと思います。

第二次世界大戦の授業もそうでしたが、フタを開けてみないとわからない部分（子供にゆだねる部分）が授業にはあってもいいんだなと感じられるようになりました。また、生徒の様子をよく観察して、黙っていても考えているな、頭を整理しているなという様子を見守ることもできるようになりました。結果、生徒たちが、学習にどっぷりと浸かっている手ごたえを感じることができました。

こんなふうに思えるのは、単元を通した「生徒の学ぶ姿」を知っていることが前提だと思います。子供たち全員が活躍できる、存在感のある、そんな授業をこれからも目指していきたいです。

宮下麻梨絵（感動を呼んだ社会の授業者・授業改革アドバイザー）

■管理職と職員との間に生まれた化学変化

おそらく私は、他の職員とは違う視点から本校の授業改革に向き合っていたと思います。

私は幸運にも、過去3年間の蓄積を土台に授業改革への機運が高まりつつある段階で赴任しました。

榛東中学校は、これまで、授業研究に熱心に取り組んできた、それは、教科や学年の枠を超えて互いに授業を見合い、よりよい授業を求めて切磋琢磨する風土づくりへの挑戦だったと聞いていました。そのために大切にしていたことは、「授業研究5つの視点」と生徒の学ぶ姿に基づいた授業研究だったとのこと。私が赴任した時は、すでに教科や学年の枠は取り払われ、授業研究の質が問われるようになっていました。

授業研究のたびに、その時々の意図や解決すべき課題について、校長先生と話をしました。やると宣言したことは一切譲らず信念をもって取り組む方で、授業にも明確な考えをおもちでしたが、授業研究の際には決定的なことを言わないことに違和感がありました。

しかし、授業研究会を経る中で職員がいつの間にか課題に辿り着き、自分たちなりの考えを見いだすようになっていました。実践者が実感を伴って理解するまで待っていたのです。そのためにやったことは、環境づくりと課題意識の掘り起こしでした。

全職員で見合う研究授業は年間数回設定しました。授業者の指名は年度はじめではなく、代表授業ごとに行われました。優れた授業者というより、職員全体に新たな気付きや実践への意欲を喚起できる職員を選んでいました。職員個人のもつ課題と学校全体で向き合う課題がつながっていることも重要でした。

ただし、それは、目の前にある課題ではなく、数か月後に職員が辿り着くであろう課題でなければ意義が半減します。授業者を指名する校長先生が、数か月後に職員が向き合うべき課題を先回りし、数か月かけて職員の意識を方向付けることに腐心していたことを知っていたのは私だけでしょう。

タブレット端末を活用した授業づくりにも積極的に取り組んでいましたが、私は当初、懐疑的でした。授業で有効活用するイメージがもてず、校長先生にその思いを伝えたこともあります。

しかし、実践を重ねるうち、躊躇せず課題に取り組む姿が見られること、全員の考えが同時に表出され瞬時に可視化できること、教師の仲介なしに自発的に学び合いに向かうことなど、多くの利点が浮かび上がってきました。

これまでの経験にしがみつき、既存のアナログツールの代替品のように考え、生徒に学びの主導権をもたせ主体的な学びを促進する新たなツールとしての可能性に気付けていなかったのです。

私が目の当たりにしたのは、管理職としての立場から授業研究を促進する取組と、自らの力で新たな知見に辿り着く職員との化学変化です。ただし、それは偶然の産物のように見えながら、実は、職員と生徒をつぶさに観察し、常に学ぶことを欠かさない校長先生に支えられていたことを、私は傍で見ることができたのでした。

足達哲也（臨時休業中に着任しながらも授業改革を推進した教頭）

終章
榛東中・授業改革の今とこれから

地域の教材や学習環境を積極的に取り入れる授業

平成10年に総合的な学習の時間（以下「総合」という）が創設された当初から、若干の文言の変更はあるものの、総合の「内容の取扱い」では、「自然体験やボランティア活動などの社会体験、ものづくり、生産活動などの体験活動、観察・実験、見学や調査、発表や討論などの学習活動を積極的に取り入れること」としています。

榛東中学校の総合は、見学や調査を含めた様々な体験活動と、発表や討論などの言語活動を組み合わせた単元を計画して実施しています。だからこそ、生徒一人一人が、実社会・実生活の事物や事象に自ら働きかけ、実感をもって関わっていく授業が展開されているのだと思います。

例えば、「新榛東カルタをつくろう」（令和4年度、第1学年）の実践では、生徒が「カルタをつくって榛東の魅力を発信したい」という夢の実現に向けて、村の魅力を調べたり、現地で調査したりしています。

まず、村の産業や暮らしを支える人々や地域で暮らす人々と直接関わることで、自然、歴史、特産品とともに、村で暮らす人々の温かさにも気付きます。その後、30年前につくられた榛東カルタは現在の村の実態とずれていたり、新たな魅力が創出されていたりすることから、新榛東カルタを作成することになります。

次に、自然・史跡・産業・交通・人など様々な視点から村を見つめ直します。その際、調査したことを発表したり、どの魅力を新榛東カルタの札とするかを討論したりする活動を通して、Aさんは次のように振り返りシートに記述していました。

カルタにどんな思いを込めるのか、はっきりと決まったので、それを目指して改良していきたいと思う。私の札は魅力が伝わりにくいため、もっとよさがわかりやすいカルタにしていきたい。小学生に楽しく榛東村の魅力を知ってもらえるようにがんばりたい。

この振り返りからもわかるように、地域の教材や学習環境を積極的に取り入れる学習活動は、調査活動を含む体験活動を充実させ、そこで得られた情報を発表したり討論したりする活動を促進させます。つまり、生徒の声や考え、意見に基づいてつくる授業になるということです。

協働的な学びを促進する授業

令和3年の中央教育審議会答申では、「協働的な学び」の重要性について次のように述べています。

人間同士のリアルな関係づくりは社会を形成していく上で不可欠であり、知・徳・体を一体的に育むためには、教師と子供の関わり合いや子供同士の関わり合い、自分の感覚や行為を通して理解する実習・実験、地域社会での体験活動、専門家との交流など、様々な場面でリアルな体験を通じて学ぶ（後略）

地域の協力を得て行う学びには、学校だけ、教師だけでは展開できない多様な学習を行うことができたり、多様な大人との「対話的な学び」によって生徒が成長したりするという大きな意義があります。そうなるためにも、生徒が、人々や社会、自然と関わる体験活動を通して、自分と向き合い他者の考えに共感することや、社会の一員であることを実感できる学習活動を積極的に行えるようにすることが必要です。

こうしたことから、生徒が「様々な場面でリアルな体験を通じて学ぶこと」と「対話的に学ぶこと」を組み合わせて「協働的な学び」を促進する単元づくり・授業づくりが求められるのです。なぜならば、異なる多様な他者との対話には、次の三つの価値が考えられるからです。

- 生徒が身に付けた知識や技能を使って相手に説明することで、つながりのある構造化された情報へと変容できること。
- 他者から多様な情報を収集できること。
- 他者とともに新たな知を創造する場を構築したり、課題解決に向けた行動化への期待をもてること、など。

例えば、「認知症カフェでギネスに挑戦」（令和5年度、第3学年）の実践では、生徒が「ギネスに挑戦できる認知症カフェを開きたい」という夢の実現に向け、高齢者との関わり方を学んだり、認知症カフェの役割や携わる人々の思いを理解したりしながら、認知症カフェを企画します。

本単元を通して生徒は、高齢者と直接関わる中で得られた情報や保健師による講話から、高齢者の身体的・心理的特徴や個別性などを理解していきます。また、生徒同士で認知症カフェのリハーサルを行い、他の生徒からの多様な情報を言語化して収集します。加えて、それらの情報を整理・分析することで、実際の場面を想定したり、シミュレーションを行ったりしながら、起こり得る問題状況を明らかにし、課題を設定しています。さらに、保健師と問題状況や解決策を継続的に共有し、実現可能な取組を検討する中で、新しい取組を生み出しています。こうした学習過程を通して、生徒は現在に対してはもちろんのこと、未来に向けても主体的に課題解決に取り組む一員となっていきます。

特に、リハーサル後の授業では、認知症カフェの運営について、どのような課題があるか、それをどうやって解決していくかといった考えを生徒一人一人がもっていました。そのため、お互いの考えに共感しながら「グループや学級全体での対話を通して認知症カフェを運営することができそうだ」という見通しをもち、いくつかの課題に焦点化して解決策を見いだそうと対話することができていたのです。

そのような中、Bさんが発言した「高齢者に対して、ギネスに挑戦する内容や方法を説明することが難しい」という指摘をきっかけとして、「ギネスに挑戦することを劇にしてはどうか」「そのための役割分担をどうしていくか」といったアイデアが生まれていきました。

それに対して今度はCさんが、ふと思い出しながら「国語の授業で学んだように、説明する際に相手（高齢者）の言葉を使うと伝わりやすいのではないか」と発言すると、他の生徒たちが「確かにそうだ」「国語の教科書のここのことだ」「やってみようよ」といった声が挙がり、行動に移していきます。

このように、専門家から学んだことを生かしたり、生徒同士で知恵を出し合ったりする対話的な学びは、社会に貢献するという目標を実現する協働的な学びを一層促進するのだと考えられます。

よりよく課題を解決し自己の生き方を考えていく授業

中学校学習指導要領に定める総合の目標には「よりよく課題を解決し、自己の生き方を考えていく」という文言があります。この文言は、新しい未知の課題などについても、自らの知識や技能等を総合的に働かせて、目前の具体的な課題を粘り強く対処し解決するために、自らの生活や行動について考えることの大切さを求めたものです。これは、単元全体を通して課題を解決するうえでも、1単位時間の授業を通して課題を解決するうえでも必要なことです。

そのためにも、身近な社会や人々、自然と直接関わる体験活動等を重視し、試行錯誤しながらも課題を解決する中で、常に自己との関係で見つめ、振り返り、問い続けていくことが欠かせません。

こうしたことから、榛東中学校の1単位時間の授業は、（第2章で詳しく述べられているとおり）次の「授業研究5つの視点」を踏まえて学習活動を展開しています。

【視点1】 めあてを関心や問題意識、必要感をもって理解したか。
【視点2】 問題解決の見通しや期待感をもって活動に取り組もうとしているか。
【視点3】 グループやクラス全体の対話を通して協働して問題解決しているか。
【視点4】 めあてを達成したか。

［視点5］この時間の学びが自分にとって意味や価値があったと自覚しているか。

例えば、「2の4 Pizza で Smile Project」（令和5年度、第2学年）の実践では、生徒が「協力して『誰かのために』『何かを創り上げる』『人との交流を深める』」という夢の実現に向けてピザ職人Yさんと協働し、ピザのメニューを開発したり、イベントを開催したりします。

ここでは、右に挙げた「5つの視点」に基づいて1単位時間の授業を分析的に考えてみます（前時の学習活動では、ピザ職人Yさんがつくったピザ4種類を生徒一人一人が試食しています）。

■本時

［視点1］まず、ピザの美味しさや魅力、ピザ職人Yさんのピザに対するこだわりやお客さんに対する思いについて理解していくことが、ピザのメニュー開発につながることを理解します。

［視点2］そのために、「生徒一人一人がピザの試食を通して感じていることを対話する

とピザのメニュー開発のヒントとなる」ことに気付き、期待感をもちます。

［視点3］そして、グループやクラス全体での対話を通して、具材の味、生地の食感、見た目、値段、季節感、オリジナルメニュー、衛生面などを具体的に説明したり、それらを関係付けていくつかの観点を見付けたりします。

［視点4］これにより、本時の学習活動は、めあてを達成した学びであったことを自覚するに至ります。

［視点5］加えて、ピザのメニュー開発に向かう自分の考えを更新します。


このように、1単位時間の授業に、「めあて」「見通し」「問題解決」「まとめ」「振り返り」の学習活動を設定し、生徒一人一人の主体的な学びを実現しようとしています。それによって、単元全体の学びの過程においても、よりよく課題を解決し、自己の生き方を考えていくことにつなげられています。

ＰＩＳＡ２０２２の調査結果（令和5年12月）によると、日本の子どもたちの「自律学習や自己効力感」（の指標値）は、他国と比べて低いと報告されていますが、（榛東中学校で行われている実践を紐解くだけでも）この課題は教育現場で解決していけると思います。

ただしそのためには、生徒一人一人が自立した学習者となり、興味・関心や自己効力感、学習の見通しをもって自ら学習を進めていけるようにする必要があります。加えて、総合の授業を通じて自ら課題を設定し、「問い」と「納得」が行き来するスパイラルな課題解決的・探究的な学習を一層充実する必要があると思います。

総合を継承しアップデートしていく

中学校学習指導要領（平成29年告示、第4章）では、次のように総合の目標に掲げています。

探究的な見方・考え方を働かせ、横断的・総合的な学習を行うことを通して、よりよく課題を解決し、自己の生き方を考えていくための資質・能力を次のとおり育成することを目指す。（後略）

また、「中学校学習指導要領解説 総則編」では、総合の目標と学校教育目標との関係を次のように整理しています。

第4章総合的な学習の時間第2の1に基づき各学校が定めることとされている総合的な学習の時間の目標については、上記により定められる学校の教育目標との関連を図り、生徒や学校、地域の実態に応じてふさわしい探究課題を設定することができるという総合的な学習の時間の特質が、各学校の教育目標の実現に生かされるようにしていくことが重要である。

このことからもわかるとおり、総合の目標は、学校教育目標と直接的につながっています。これは、他教科等にはない独自の特質であり、教育課程を編成する際にも、総合の目標と照らし合わせることが大切です。

そのように教育課程の中核として位置付けられれば、他教科等の学習とも関連付けやすくなります。のみならず、（榛東中がチャレンジし続けてきたように）教科等の垣根を越えた学習の基盤となる資質・能力を育成する確度が上がります。こうした教育活動の積み重ねが、学校教育目標のよりよい実現につながっていくのです。

実際、横断的・総合的な学習や探究的な学習の広がりや深まりを促すには、校長を中心としつつ、教科や学年の垣根を越えて学校全体で取り組んでいくことが欠かせません。

ここに、管理職のみならず、すべての教職員がカリキュラム・マネジメントを強く意識した日々の実践を考えていく必要性があります。

他方、総合を充実していくには、校外の様々な人や施設、団体等からの支援や保護者の理解と協力が必要です。そうした理解や協力を得やすくする取組を工夫する必要もあるでしょう。

例を挙げれば、授業公開やウェブページ、学校通信等で探究的に学ぶ生徒の姿を紹介したり、保護者をはじめとして地域住民・団体等に直接説明する機会を設けたりするといったことなどが考えられます。

ここまで述べたことを踏まえてカリキュラムをデザインし、学習活動（単元）を計画、実施、評価、改善していければ、その学校の教育課程は「社会に開かれた」ものとなり、生徒は自分たちにとって本当に必要な資質・能力を培っていけるはずです。

榛東中学校に引き寄せて例を挙げましょう。

榛東中学校では、「願いや問いをもち、探究し続ける生徒の育成～子どもの学びを中心とした授業研究を通して～」を研修主題として掲げていますが、これはまさに本書で紹介してきた生徒の姿を合わせ鏡に映したものでもあります。榛東中学校では、見事に研修主題を具現化していると言ってよいでしょう。

また、令和5年度からは学校全体の取組として、次に挙げることにチャレンジしています（いずれも生徒主体で行います）。

【6月】単元構想発表会を行う。これは生徒による学級総合の発表会で、参観者に対して自分たちが1年を通じてどのような活動に取り組んでいくか、探究テーマや計画を紹介する。発表は、各学級の教室で行う。

【10月】学級総合の中間報告会を行う。これも生徒の手で行う。

【2月】成果発表会を行う。取組状況を報告し、成果や課題について意見交換する。

生徒のこうした姿は、まさに令和4年の中教審答申による次の指摘にも相通ずるように思います。

> 個別最適な学び、協働的な学びの充実を通じて、「主体的・対話的で深い学び」を実現することは、児童生徒の学びのみならず、教師の学びにも求められる命題である。つまり、教師の学

びの姿も、子供たちの学びの相似形であるといえる。

主体的に学び続ける教師の姿は、児童生徒にとっても重要なロールモデルである。「令和の日本型学校教育」を実現するためには、子供たちの学びの転換とともに、教師自身の学び（研修観）の転換を図る必要がある。

（傍線は筆者）

※中央教育審議会答申「『令和の日本型学校教育』を担う教師の養成・採用・研修等の在り方について」令和4年12月

つまり、主に第2章で語られていた授業研究会は教師による授業改革、単元構想発表会、中間報告会、成果発表会は生徒による、いわば学習改革とも言うべきもので、それらは点と点とが線となって組み合わされた相似形だと言えるのではないでしょうか。

このように対《つい》となった生徒の学びと教師の学びは、生徒一人一人の資質・能力の継続的な評価にもつながり（教師にとっては学習評価、生徒にとっては自己調整にもつながる自己評価となり）、年間を通じてより望ましい教育活動にしていけることでしょう。

これはまさに、総合において年間や単元などの内容や時間のまとまりを通して行う「主体的・対話的で深い学び」の姿であり、スパイラルにアップデートし続ける教育課程だと言えます。

教師自身が探究する

総合を充実し、その目標を実現する鍵を握るのは、教師の指導計画の作成力、運用力、そして、授業での指導力や評価力などです。

こうした教師自身の資質・能力を伸ばしていくには、校長のリーダーシップの下、各教科等の学習指導の改善のみならず、教育課程全体を俯瞰して捉え、教育課程の改善を図っていけるような校内研究の充実が欠かせません。そのためにも、教科等横断的な視点からカリキュラムをデザインできるミドルリーダーの成長も必要となるでしょう。こうした、教科等の垣根を越えて教師同士が学び合えるようにすることが本当に大切なのです。

榛東中学校では、総合の単元を構想し計画する際に、「材の検討シート」を活用しています。これは、文部科学省『今、求められる力を高める総合的な学習の時間の展開（中学校編）』（令和4年）に示している事例や先進校の取組を下敷きにしたものです。

各学級の教師はそれぞれ「地域教材に対する生徒の興味・関心や実態」「教師の願い」「教

育的な価値」の「3つの視点」に基づき、この「材の検討シート」を使って教材研究を行います。そうする中で、生徒の自発性・能動性、教師の指導性がそれぞれ発揮される学習活動を構想しながら探究的な学習過程をつくりあげていきます（生徒による構想発表会、中間報告会、成果発表会の時期などについても、このときに構想します）。「材の検討シート」は、教師一人一人が行った総合の教材研究を可視化します。そのため、全教職員で共有し、意見を交換し合うことが容易にできます。そのようにして、生徒観・指導観・教材観とも関連させながら協働的な単元づくり・授業づくりを進めているのです。

本書で語られてきた授業改革の文脈を教師一人一人に落とし込むとすれば、まさに教師自身の探究する学びへの挑戦だったと言えるのではないでしょうか。そしてそれは、学習者主体のさらなる素晴らしい授業づくりを目指し、これからも続いていくのです。

（齋藤 博伸）

Appendix

榛東中を巣立っていった子供たち

私は、榛東中学校で3年間本当に充実した学校生活を送らせていただきました。最後の1年は、生徒会長としての貴重な経験をさせていただき、様々な行事を通して、自分自身、大きく成長することができたと思っています。

当時の榛東中学校のテーマは「自主貢献」でした。自発的な意志に基づく自発的な活動ができる学校。このテーマを実現するために榛東中学校では様々な取り組みがされていたと思います。

授業は、自分で考えたことを発表する授業や、グループワークをして問題の解決を目指す授業が多くありました。パソコンを活用した自由度が高い授業も多く、自分の好きな分野を深く探求できました。また、英語の授業では、フィリピンの先生とビデオ通話で会話をする授業もあり、読み書きだけでなく話すことにも力を入れていました。

休み時間は予鈴を鳴らす日と鳴らさない日があり、生徒各々が時計をみて行動し、授業の準備をすることを促していました。私はそのおかげで時計を見る癖がついたと思っています。

学校行事も生徒中心で計画するものが多く、特に体育大会は準備から実行まですべて生徒が行いました。行う種目をアンケート調査で決めたり、必要な道具を電話して調達したり、初めてのことばかりで非常に大変だったことを覚えています。

数えきれない程のミーティングをして臨んだ、リハーサルもグダグダに終わり、先生方も言いたいことは山ほどあったと思いますが、何も口出しせずに見守ってくださりました。

最終的には大成功に終わり、私たちにとって最高の思い出になるとともに自分たちで作り上げたという大きな財産にもなりました。

このように振り返ると、榛東中学校だから学べたことや、得られた経験というものが多くあったと思います。

その経験を活かし、現在私は大学でボランティアチームの代表として、地域を盛り上げることを目標に、地域のイベントの運営に携わったり、自分たちでイベントを開催したりしています。今年は、地域のお店を集めた夏祭りの運営をしたり、地元の小学生を招待してクリスマス会を開催したりしました。

新しいことにチャレンジをする機会を与えてくださった榛東中学校であったからこそ大きなものを得ることが出来ました。

榛東中は私の人生の原点です。

間船音和（令和元年度生徒会）

「せっかく体育大会を運営できるんだからすごく盛り上がるものにしよう」

役員の一人と言葉を交わしました。その矢先、未曽有のウイルスによって制限のある生活を強いられることになりました。何か月にもわたる休校、やっと学校が始まったと思ったら全員が同じ教室にはそろわない分散登校、と中学最後の1年のスタートは、思い描いていたものとはかけ離れたものとなりました。

生徒会役員としてたくさん仕事ができることを楽しみにしていたので、やり場のない悔しさを感じていました。このままでは体育大会もできないのではないかという不安もありましたが、なんとか、感染対策を行った上での制限付きで体育大会の実施が決まりました。

最初に、全校生徒の意見を取り入れるために、種目のアンケートを行いました。その中から希望数の多いもの、役員たちで感染対策をした上で実施できると判断したものを行うことにしました。毎日真っ暗になるまで残り、何度も案を練り直しながら作業を進めました。終わらなかった分は家でやって明日検討するという日もしばしば。

かなりの激務ではありましたが、楽しいが勝っていたように思います。そう思えたのも他の6人のメンバー、そして生徒会担当の酒本先生をはじめとする先生方の存在があったからです。困ったときはいつも助けてくれる、大切な存在でした。

学校という組織の代表として仕事をすることの責任の重さやなにかをゼロから作り上げていくことの難しさに何度も何度も苦しめられました。みんなが頑張る姿を見てまた前を向くことができました。全校生徒みんなで楽しめる体育大会を創ろうと奮闘する仲間の姿はとてもまぶしく、頼もしかったです。

今まで制約のある生活を強いられ、誰もが思うような学校生活を謳歌できませんでした。そんな中行われた体育大会を全力で楽しもうとする生徒の姿はとても輝いていました。たくさんの笑顔を見て、すべてが報われたように感じ、この体育大会の運営に携われてよかったと心から思いました。

今振り返ってみると、大きな行事を一からすべて、それも中学生が行うということはなかなか経験できるものではないことのように思います。知恵をみんなで出し合い、出てくる課題をクリアしながら求めるものを作り出すことは「素敵なことだ」と身をもって経験することができました。体育大会を運営するにあたり経験した楽しかったこと、苦しかったこと、仲間の存在に助けられたこと、すべてが一生の財産です。この経験は、これからの私の様々な挑戦をきっと後押ししてくれるものとなるでしょう。

貴重な経験をする機会をくれた榛東中学校に感謝しています。

大畠栞里（令和2年度生徒会）

棒東中学校の授業は、グループ活動をたくさん行ったことが印象的です。クラスの前では発言できないが、グループならば発言できるという人も多く、たくさんの意見が飛び交いました。少数派の意見が班の意見になることもあり、色々な意見の聞けるグループ活動が大好きでした。また、友達の意見を聞く力も身につきました。意見を聞き、自分の意見に取り入れる力は高校での授業においてとても活きています。

私の高校では、授業の半分はグループでの学習です。グループ活動では、意見の理解のしやすさや、意見の伝わりやすさを実感します。友達の中では高校に入って初めてグループ活動をした人も多く、意見交流は難しいと言っています。新しい友達と意見交流をするのはとても楽しく、学習意欲の向上に繋がっていると思いました。

また、行事では生徒を中心に企画・運営を全て行いました。体育祭は、先輩方が作り上げてきた生徒主体という伝統を受け継ぐこと、「全員が楽しめる」にこだわって開催しました。運動が苦手な人、得意な人、けがを抱えている人。「全員が楽しめる」というのはとても難しかったです。生徒会でたくさん考えたからこそ完成した体育祭でした。

全校での事前準備も印象に残っています。全校が集まると人数も多く指示を通すことは大変です。しかし私が前に立つと、すぐに静かになり速やかに指示が通りました。それぞれの委員会で分担して準備をしてくれました。全校生徒の一体感が成功に繋がったと思いました。終わったあとに友達から、「めっちゃ楽しかったよ、ありがとう」と言われたこと、先生から、「体育祭お疲れ様、良かったよ」と声をかけられたことがとても嬉しく、学校のために頑張ることにやりがいを感じました。

ゼロから作り上げた文化祭は準備にとても時間がかかりました。私は全校生徒でモザイクアートを作る、全校制作を主に担当しました。昼休みに文化祭実行委員の人と各クラスを周り、放課後は遅くまで制作に取り掛かりました。文化祭前日、完成した時には、感じたことのない達成感がありました。作品から実行委員や、生徒のみんなの一生懸命さを感じ、とても感動しました。

私は学校生活を通して、榛東中の「あたたかさ」を強く感じました。榛東中は、頑張る人を応援できる学校です。授業では、友達の意見を一生懸命聞くことができます。行事では、中心となる人の指示を聞き、一生懸命、行事に携わることができます。頑張った人に感謝を伝えることができます。榛東中のスローガンは「自主貢献」です。生徒会スローガンは、「一歩前進」です。人のために行動する一歩を踏み出せる「あたたかさ」が榛東中らしさです。榛東中で榛東中生徒とおくった学校生活が私の誇りです。高校生活でも、「榛東中らしさ」を忘れずにプライドを持って生活したいです。

渋谷鉄心（令和3年度生徒会）

私は、自主貢献というスローガンのもと3年間学校生活を送ることができたことで、たくさんの貴重な経験をさせていただいたなと思う。授業では、生徒主体の授業が行われており、板書したあとに問題を解くのではなく、グループで答えを導き出すということが多かった。授業内でタブレットを活用してグループでコミュニケーションをとりながら、どうやったら答えを導くことができるのかを考え、話し合い、また考えるというリズムの中で学習することができた。このような授業からコミュニケーション能力だけでなく、物事を多方面から考えることができるようになり、日常生活でも色々な角度から物事をみることができていると感じる。

そして、私が中学校生活のなかで特に印象に残っているのは、生徒主体で行われた体育祭や文化祭などの学校行事である。学校行事では、生徒会を中心に行事の企画・運営をすべて生徒中心で行った。生徒内でやるべきことを探し、行事を作り上げたという経験はとても貴重なものだった。しかし、生徒主体であるからこそ、企画や準備はものすごく大変で、放課後外が暗くなるまで「どうしたら全員が楽しめるか」を必死に考えたことや、行事の前日まで全校生徒で準備を行ったことを今でも鮮明に覚えている。その分、生徒一人ひとりがなんとしても行事を成功させたいという思いから全校生徒の一体感をとても強く感じた。また、準備する中で他学年での交流もあったため、学年の垣根を超えた仲の良さもあり、生徒一人ひとりが生き生きしていた印象がある。

文化祭は、私が中学3年生のときに初めて開催されたが、先生方を含めた学校中の人たちとモザイクアートを行う全校制作を行った。各クラスで部分的に創ったモザイクアートを文化祭当日完成させるというものだったが、企画するなかで一筋縄ではいかないことが多々あったこともあり、完成した体育館いっぱいに広がる大きなモザイクアートを見たときの感動は今までの経験とは比にならないものであり、「言葉では表現できない」とはこのことだと初めて感じた。

このような経験から、何かを成し遂げるためにはそれだけの労力と時間がかかり、一筋縄ではいかないということを学んだ。また、成し遂げるためにはたくさんの人の協力がないと達成できず、感謝を忘れてはいけないということを強く感じた。大人から、感謝を忘れてはいけないと教わっていたのでわかってはいたが、経験をしたことで初めて「本当に大事なことなんだ」ということに気付かされた。準備をする過程でたくさんの人の協力を間近で見られ、成功したときには人一倍感動することができたのだと思う。

小さなことにも感謝を忘れず、自主貢献というスローガンのもと過ごした3年間の学びをこれからの生活に活かしていきたい。

加藤椿（令和3年度生徒会）

ある日、コロナウイルスの感染爆発が起きた。様々な制限の中、消化できないストレスが溜まっていく。予防に追われる日々の中で将来のことを考えるのは波打った水面を覗き込むようだった。将来の夢は変わらず持っているのだが実現するイメージがどうしても思い描くことができなかった。以前の私は「頑張ったらどんなことがあるのか楽しみだ」とよく考えていた。

しかし、将来のことを見据えることが難しい中で「将来がわからないからこそ今を大事にすべき」そんな考えが芽生えた。そしてコロナ禍だろうと人生の中で3年間しかない中学校生活を無駄に過ごすわけにはいかない。そう思って家庭学習に励んだ。授業のビデオが送られてきたことにはとても驚いた。だが、リアルタイムではなかった為、先生と生徒の対話がないと物足りない部分もあった。(曲をライブで聴くか、CDで聴くかという違いに近いかもしれない)しかし、何回でも観れるため復習がしやすかった。

学校が再開するとタブレットを通した意見交換も始まり、短い時間で濃い内容を話せるようになったと感じた。パネル越しに話し合いを重ねる授業は先生から教わることもあれば、他生徒から教わることもあり、教わり、教え合う場所になっていた。また、席替え直後は普段あまり話さない人と話すことにもなり刺激的だった。通常の活動が制限されているからこそ、学校側がどんどん良い方向へ変わっていこうとする動きが活発だと感じていた。２年の２学期、生徒会に入ることができた。コロナによって失われてしまったものを取り戻したかった。そして例年通りにはいかないからこそ頭をひねった。生徒主体を掲げながら先生達に頼らざるを得ない部分があり、自身の力不足を感じるときがあった。しかし、行事をやり通せた体験などから得られたものは大きかった。

３年生の４月になると日常会話で受験のことが頻繁に上がり、休み時間に勉強する人も見かけるようになった。予定管理をする力が不十分だった私は生徒会活動と勉強のバランスがうまく取れず両立に悩んだ。ほぼ毎日、学校が終わるとすぐに塾に行く生活が始まるも思うように学力が伸びず、少し焦りを感じていた。それでもなんとかその生活を保てたのは学校のサポートが厚かったことが少なからずあっただろう。最終盤はランナーズハイのような状態だったが（笑）。「中学なんてあっという間の３年間」という言葉をよく耳にしたがその逆で様々なことを体験し、濃厚過ぎる３年間だった。

私は無事高校生になった。今、中学の頃を振り返ると楽しかったのと同時に色々な意味で焦っていた３年間のように感じる。当時得られた「将来がわからないからこそ今を大事にすべき」という考えや挑戦しようという考えは今でも役立っていると思う。中学の時に得られた精神性をさらに今後伸ばし、発展させることができたらと思う。

佐藤駕音（令和３年度生徒会）

榛東中学校での日々は、多くの挑戦にあふれたものであっという間に過ぎていきました。特に、自分で物事を考えて行動する機会が多くありました。先生方にはそういった生徒に対し、サポートしていただきました。

授業の面では、タブレットを生かした意見の交換などが魅力的でした。普段の話し合いから、調べ学習、プレゼンなど様々な活用をされました。タブレットのおかげでコロナ禍にもかかわらずスムーズに話し合いを進めることができました。また、授業課題の提出や調べ学習も大きくはかどりました。

プレゼンの機会の授業では、写真や図を使ってより分かりやすいものを作ることができました。一方的に教科書の内容を教えられるのではなく、自分で考えメンバーと意見交換をすることで、学習内容を根本的なものから理解することができました。またクラス全員の意見を比較することができるため、参考になるものや新たな気づきにあふれていたため授業が楽しくなりました。

生徒会活動では、生徒主体の行事が多く盛り込まれていました。第1回文化祭は生徒からの多くの要望から開始され、僕はその文化祭の企画をするところから参加しました。メインイベントの一つとして全校制作を作りました。

生徒一人が担当する部分は小さいですが、つなぎ合わせるととても大きな作品になりました。この全校制作を含めた文化祭の多くは生徒自ら考えたものが多く、そして成功に終わりました。

体育大会ではより、生徒の手で作り上げるという感覚がありました。競技を決めるところから片付けまで生徒が関わりました。そのため意見を募集し、まとめたものを先生方から承認してもらう必要がありました。厳しい意見も多く、先生が考えればいいのにと思う場面もありました。しかし、自分たちでどこを改善すればよいのか考えることで思考力が付き、成長することができました。

生徒の手で作り上げることにはほかにも利点があり、競技に参加する生徒の声を身近に聞くことができました。生徒主体の行事は逃げたいことも多くありましたが、中学校生活で成長することができた最も大きな要因になりました。

中学校の雰囲気は非常に明るく充実していました。その背景には確実に挨拶があると思います。生徒と先生と挨拶です。当たり前のことですが、朝「おはよう」とあいさつするだけで一日のスタートがとてもすがすがしく感じられました。学校で挨拶を強制されたことはありませんでした。そんなこともあり、とても明るい学校でした。

竹内皐士郎（令和４年度生徒会）

授業は変えられる

教科の垣根を越え、子供の学びの事実に基づいて
授業を見合い磨き合う

2024（令和６）年７月20日　初版第１刷発行

著　者　嶋野道弘、青木芳弘、齋藤博伸
発行者　錦織圭之介
発行所　株式会社　東洋館出版社
〒101-0054　東京都千代田区神田錦町2-9-1
コンフォール安田ビル2階
代　表　TEL 03-6778-4343
営業部　TEL 03-6778-7278
振替　00180-7-96823
URL　https://www.toyokan.co.jp
装　幀　中濱健治
印刷・製本　藤原印刷株式会社

ISBN978-4-491-05566-4　Printed in Japan